Tobias Drechsel

Automatisierter Handel

Hat der Mensch am Finanzmarkt noch eine Daseinsberechtigung?

Drechsel, Tobias: Automatisierter Handel. Hat der Mensch am Finanzmarkt noch eine Daseinsberechtigung?, Hamburg, Igel Verlag RWS 2016

Buch-ISBN: 978-3-95485-342-7
PDF-eBook-ISBN: 978-3-95485-842-2
Druck/Herstellung: Igel Verlag RWS, Hamburg, 2016

Bibliografische Information der Deutschen Nationalbibliothek:
Die Deutsche Nationalbibliothek verzeichnet diese Publikation in der Deutschen Nationalbibliografie; detaillierte bibliografische Daten sind im Internet über http://dnb.d-nb.de abrufbar.

© Igel Verlag RWS, Imprint der Diplomica Verlag GmbH
Hermannstal 119k, 22119 Hamburg
http://www.diplomica.de, Hamburg 2016
Printed in Germany

Abstract

Die vorliegende Arbeit beinhaltet eine theoretische Ausarbeitung über den Einsatz humanitärer und maschineller Komponenten beim Treffen von Handelsentscheidungen am Finanzmarkt. Die fundamentale Hypothese dieser Arbeit ist, dass der optimale Prozess sowohl menschliche Elemente, als auch maschinelle Elemente innerhalb der Handelsentscheidung enthält. Die Untersuchung basiert auf einer Literaturanalyse und eigenen Argumentationsketten. Der Prozess der Handelsentscheidung wurde für eine detaillierte Analyse in die Phasen Beschaffung, Verarbeitung, Interpretation und Entscheidung gegliedert. Die Ergebnisse der Arbeit unterstützen die grundlegende Hypothese. Der Mensch kann sich erstens durch eine interpretierende und entscheidende Funktion vorteilig auf den Handelsprozess auswirken. Zweitens kann der Prozess durch eine überwachende Funktion des Menschen, neben der maschinellen Ausführung, als optimal dargestellt werden. Diese Erkenntnisse bekommen durch Ideen zur Umsetzung und der Identifikation möglicher Barrieren einen praktischen Bezug. Die Kollaboration zwischen Mensch und Maschine ist essentiell für den Erfolg und die Nachhaltigkeit der Finanzmärkte. Die Präzisierung und Implementierung der entwickelten Modelle sollte daher Gegenstand weiterer Studien in diesem Bereich sein.

This paper provides a theoretical argumentation about the use of human and mechanical components within the process of decision making in financial markets. The paper is based on the fundamental assumption that the optimal process includes human elements as well as mechanical elements. The study is based on literature analysis and reasoning. For the purpose of a detailed analysis, the process of decision making is divided into 4 parts: sourcing, processing, interpretation and decision. The result of the study found the following evidence: First of all, humans can contribute to the phase of interpretation and decision. Secondly, human attributes are advantageous to supervise a fully automated trading system. Ideas for an technical implementation and potential barriers were added to provide a practical reference of the findings. Collaboration between humans and computers are the key for success and sustainability of financial markets. Clarification and execution of these models should be the content of further studies in this area.

Vorwort

Die vorliegende Arbeit wurde im Zeitraum von November 2015 bis Februar 2016, zum Abschluss des Studiums der Wirtschaftsinformatik an der Hochschule für Technik und Wirtschaft Berlin, erstellt. Die Intention dieser Arbeit war es, die aktuelle Bedeutung von humanitären Komponenten im Prozess der Handelsentscheidung am Finanzmarkt theoretisch zu untersuchen. Dies inkludiert die Fragestellung ob und in welchem Ausmaß menschliche Einflussfaktoren innerhalb der Handelsentscheidung noch nötig sind oder bereits vollständig durch Technologie substituiert werden können. Neue Ideen in diesem Bereich tragen dazu bei, Finanzmärkte stabiler, nachhaltiger und effizienter zu gestalten. Durch die Identifizierung von Schwächen und Chancen von maschinellen und menschlichen Vorgehensweisen, sind Schlüsse auf den optimalen Einsatz beider Methodiken möglich und steigern damit die Qualität von Entscheidungen. Grundsätzlich ist diese Arbeit für alle Individuen, welche Handelsentscheidungen am Finanzmarkt direkt oder indirekt treffen relevant. Dies inkludiert Privatanleger, Finanzinstitute und Investmentberater.

Besonderer Dank gilt meinen Eltern und Freunden für die Unterstützung während des Studiums und bei der Anfertigung dieser Arbeit. Ein spezieller Dank geht auch an meine Freundin Yulia für den stetigen Beistand und die Korrektur der Arbeit. Mein Dank geht auch an Prof. Dr. rer. nat. Holger Hemling und Prof. Dr.-Ing. Ingo Claßen für die Betreuung seitens der Hochschule. Des Weiteren danke ich Daniel Fiedler und Christian Schröder für die Gespräche im Rahmen der Themenfindung. Ich danke Kathrin Brückmann für die ausführliche Korrektur und Lektorierung, sowie Stefanie Drechsel für die Revision der Arbeit und Kevin Schmidt für die Unterstützung bei den juristischen Fragestellungen.

Berlin, den 15. August 2016

Tobias Drechsel

Inhaltsverzeichnis

Abbildungsverzeichnis

Tabellenverzeichnis

Abkürzungsverzeichnis

EMH   Efficient Market Hypothesis (dt. Markteffizienzhypothese)

ETF   Exchange Traded Fund (dt. börsengehandelter Fond)

HFT   High-Frequency Trading (dt. Hochfrequenzhandel)

Inc.   Incorporated (Unternehmen nach US-Gesellschaftsrecht)

KGV   Kurs-Gewinn-Verhältnis

WpHG   Wertpapierhandelsgesetz

1 Einleitung

Das Jahr 1531 stellt mit der Gründung der ersten Börse für Wertpapiere in Antwerpen einen Meilenstein in der historischen Entwicklung der Finanzmärkte dar.[1] Aufgrund der fehlenden Kommunikationsinfrastruktur war der Informationsfluss zu den Händlern lange Zeit unzureichend. Die Unterstützung des Handelsgeschehens durch Informationssysteme begann 426 Jahre später, im Jahr 1957, mit der Gründung des US-amerikanischen Unternehmens Quotron Inc., das erstmals Informationen über Wertpapierkurse bereitstellte.[2] Die fortschreitende Digitalisierung der weltweiten Finanzwirtschaft bewirkte einen Umbruch, da die Entwicklung der Kommunikationssysteme zu einem erhöhten Volumen und einer Beschleunigung der Finanztransaktionen führte.[3] Im Jahr 2008 hat die amerikanische Immobilienblase die größte Wirtschaftskrise der Nachkriegszeit ausgelöst, deren Ursprung Nobelpreisträger Robert Shiller in seinem Buch „The Subprime Solution" untersucht. Zur Prävention weiterer Finanzkrisen dieses Ausmaßes fordert er die Verbesserung der Informationstechnologie im Finanzbereich, um die Komplexität des bestehenden Informationssystems einzugrenzen und besser zu strukturieren.[4]

„Information technology is the story of our time. It is key to the subprime solution. The continued growth of computers, data collection and processing capabilities, 'smart' technology, and rapid, inexpensive communications all provide dramatically effective tools to implement the subprime solution [...]."[5]

Fußend auf der beschriebenen Notwendigkeit Shillers beschäftigt sich diese Arbeit mit fundamentalen theoretischen Ansätzen für die optimale Nutzung von Informationssystemen bei Handelsentscheidungen am Finanzmarkt.

Neben der nach Shiller präventiven Wirkung birgt die Automatisierung von Handelsprozessen auch Gefahren für die globale Stabilität der Finanzmärkte. Im Rahmen des sogenannten Flash Crashs 2010 wurde dem globalen Wirtschaftssystem durch einen kurzfristigen Kurseinbruch der Finanzmärkte schätzungsweise 1 Trillion US-Dollar entnommen.[6] Die konkrete Ursache wurde fünf Jahre später auf ein algorithmisches Handelssystem zurückgeführt, welches durch ein kurzzeitig hohes Transak-

---

[1] Vgl. Kaderli (2013), S. 78.
[2] Vgl. Vasilev (2014), S. 88.
[3] Vgl. Reichert (2015)
[4] Vgl. Shiller (2012), S. 117 ff.
[5] Zit. n. Shiller (2012), S. 117.
[6] Vgl. Sornette und Becke (2011), S. 5.

tionsvolumen systematisch andere Handelssysteme täuschte und damit das Marktgeschehen manipulierte. Trotz dieses Vorfalls ist das globale Handelsvolumen, welches von algorithmischen Systemen verursacht wird, stetig gestiegen, wobei im Jahr 2012 bereits 85 % aller Trades durch algorithmische Handelssysteme ausgeführt worden sind.[7] Diese Entwicklung birgt sowohl Gefahren als auch Möglichkeiten für das globale Finanzgeschehen, welche im Rahmen dieser Arbeit identifiziert und diskutiert werden. Im aktuellen Gefüge des finanzwirtschaftlichen Ökosystems existieren sowohl Händler mit manuellen Handelsmodellen als auch voll automatisierte Handelssysteme.[8]

„Dazwischen liegt ein grauer Bereich, in dem Computer zur Entscheidungsunterstützung eingesetzt werden, bei dem aber unklar ist, wie weit Menschen durch Computer ersetzt werden." [9]

Auf Grundlage dieser Hypothese ist zu untersuchen, wie diese Unklarheiten genauer beleuchtet werden können und ob die menschliche Interaktion im Rahmen des Finanzmarktes aus theoretischer Sicht zum aktuellen Zeitpunkt noch notwendig ist. Diese Fragestellung ist relevant für alle Akteure am Finanzmarkt und damit für institutionelle Investmentorganisationen wie für Privatanleger. Die Stabilität der Finanzmärkte hat aufgrund ihrer zentralen Stellung direkten Einfluss auf die Weltwirtschaft. Die Steuerung und Regulierung dieser Märkte ist daher nicht nur für Investoren und Kreditnehmer bedeutsam, sondern auch für alle Individuen der Realwirtschaft. Dies verdeutlicht, welchen Einfluss die Thematik dieser Arbeit, das Zusammenspiel zwischen Mensch und Maschine am Finanzmarkt, auf den nachhaltigen Erfolg der Weltwirtschaft hat.

---

[7] Vgl. Glantz und Kissell (2013), S. 258.
[8] Vgl. Gomolka (2011), S. 29 f.
[9] Zit. n. Gomolka (2011), S. 30.

2   Abgrenzung und Aufbau

Das Ziel dieser Arbeit ist die Argumentation einer optimalen Zusammenarbeit zwischen Menschen und Informationssystemen bei Handelsentscheidungen am Finanzmarkt. Eine Herausforderung ist dabei, die Komplexität der Finanzmärkte zu abstrahieren, um Aussagen über möglichst allgemeingültige Modelle erarbeiten zu können. Es herrschen unterschiedliche Ansichten darüber, inwieweit der Mensch durch den Einsatz von Informationssystemen bereits überflüssig geworden ist, um Handelsentscheidungen am Finanzmarkt zu treffen. Eine Ausarbeitung des optimalen Zusammenspiels gibt eine fundierte Antwort auf diese Fragestellung und skizziert darüber hinaus die konkrete Verteilung der Aufgabenbereiche innerhalb dieser Kollaboration.

Die Einleitung (Kapitel 1) stellt die historische Entwicklung und die zukünftige Bedeutung von IT-Systemen am Finanzmarkt sowie den Gegenstand und die Bedeutung der Forschungsfrage dar. Anschließend werden in Kapitel 2 die Ziele dieser Arbeit definiert. In Kapitel 3 werden die theoretischen Grundlagen für die Bearbeitung der Thematik aufgezeigt. Dies inkludiert sowohl die Begriffsklärung des Finanzmarktes und dessen Eigenschaften als auch technische Begriffsgrundlagen von Daten, Informationen und Wissen. Des Weiteren wird der Zusammenhang zwischen Finanzmärkten und Informationen im Rahmen der Markteffizienz erläutert und die Bedeutung einer Handelsentscheidung innerhalb der vorliegenden Arbeit skizziert. Um die Eigenschaften von maschinellem und manuellem Handel nachvollziehen zu können, werden diese in Kapitel 4 aus der Fachliteratur identifiziert und gegenübergestellt. Der Vergleich erfolgt dabei anhand wirtschaftlicher, moralischer und rechtlicher Gesichtspunkte. In Kapitel 5 wird der Prozess von der Entstehung der Informationen bis zur späteren Handelsentscheidung modelliert und auf den Einsatz von maschinellen oder humanen Methodiken hin analysiert. Der Prozess wird in die Transaktionskette des Wertpapierhandels nach Prof. Dr. Peter Gomber innerhalb der Informationsphase eingegliedert und im Rahmen dieser Arbeit detailliert definiert. Die einzelnen Prozessschritte werden dabei zuerst in ihrer Gesamtheit dargestellt, um die Zusammenhänge zu verdeutlichen, und anschließend einzeln untersucht. Dabei wird erörtert, wie technologische Elemente die einzelnen Prozessschritte bestmöglich unterstützen können und wie eine Integration von humanen Komponenten optimal stattfinden würde. Hierbei wird gezielt auf mögliche Barrieren hingewiesen, zugleich werden Lösungsvorschläge zur Umgehung oder Reduktion dieser Probleme herausgearbeitet. Nachdem der Prozess durchleuchtet und auf den Einsatz von mechanischen und humanen Faktoren geprüft wurde, lassen sich zwei Modelle für die optimale Kollaboration festlegen. Die Eigenschaften der Modelle werden beschrieben und die Prämissen definiert, unter welchen Umständen diese Art der Zusammenarbeit als optimal bezeichnet werden kann. Kapitel 6 beinhaltet eine ausführliche Diskussion der theoretischen Forschungsergebnisse und der aufgestellten Hypothesen über die Notwendigkeit einer menschlichen Komponente innerhalb der Entscheidungsfindung am Finanzmarkt. Diesbezüglich werden sowohl Stärken und Schwächen der erarbeiteten Zielmodelle beschrieben als auch Defizite bei der Methodik zur Argumentation der dargestellten Ergebnisse. Kapitel 7 beinhaltet eine Zusammenfassung der Argumentationskette dieser Arbeit und gibt einen Ausblick für die weitere Forschungsarbeit in diesem Gebiet.

Zusammenfassend besteht diese Arbeit aus der Definition von Eigenschaften maschinellen und manuellen Handels, die einander gegenübergestellt werden. Nachfolgend wird der beschriebene Prozess modelliert und auf den Einsatz der definierten Eigenschaften untersucht. Die Ergebnisse bestehen aus zwei Modellen der optimalen Zusammenarbeit sowie aus Ansätzen zur technischen Umsetzung dieser Modelle.

Die vorliegende Arbeit behandelt ausschließlich den Handelsprozess von der Entstehung der Marktdaten bis zur Handelsentscheidung. Die folgende Platzierung eines Auftrags und die anschließende Abwicklung werden im Kontext dieser Arbeit nicht untersucht. Des Weiteren werden keine Aussagen über die Auswahl konkreter Finanzprodukte getroffen, da dies die Abstraktionsebene der Arbeit verlassen würde. Wie in Kapitel 5.1 ausführlich beschrieben, spielt die Strategie eine zentrale Rolle bei der Handelsentscheidung am Finanzmarkt. Es wird versucht, möglichst allgemeingültige Aussagen über die optimale Zusammenarbeit innerhalb des Entscheidungsprozesses zu treffen. Daher wird die Argumentation unabhängig von konkreten Anlagestrategien geführt. Konkrete Strategien dienen lediglich in Einzelfällen zur exemplarischen Veranschaulichung der Sachverhalte und sollen das praktische Verständnis der Annahmen fördern. Die Effektivität von konkreten Anlagestrategien zu beweisen, ist Bestandteil einer breiten Auswahl von wissenschaftlichen Studien im Bereich der Finanzwirtschaft. Diese Arbeit beschäftigt sich nicht mit der Untersuchung konkreter Strategien, sondern mit der optimalen Umsetzung in Hinsicht auf die Nutzung von Informationssystemen und algorithmischen Handelssystemen.

3 Grundlagen und Forschungsstand

3.1 Basisbegriffe

3.1.1 Finanzmarkt

In Finanzmärkten stehen, im Gegensatz zu Gütermärkten, keine Produkte oder Güter zum Handel bereit.[10] Finanzmärkte dienen dem Handel von Kapital in Form von Geld (Währungen), Wertpapieren (Aktien, Anleihen) oder Finanzkontrakten (Derivate).[11] Die in der Fachliteratur häufig zu findende Unterteilung in Geld-, Kapital- und Devisenmärkte ist aufgrund der heutigen Entwicklung kritisch zu betrachten, da die Grenzen zwischen diesen Märkten zunehmend verschwimmen.[12] Neben der obigen Gliederung nach der Art des gehandelten Objekts lässt dich die Klassifikation der Märkte auch in zeitliche Leistungsverpflichtungen und nach Währungsbereichen treffen.[13] Die Dynamik der Elemente, welche unter dem Begriff „Finanzmarkt" zusammengefasst werden, machen unter langfristiger Betrachtung eine strikte Trennung unmöglich.[13]

Die Aufgaben des Finanzmarktes inkludieren die Mobilisierung, Bereitstellung und Bewertung von Finanzmitteln.[14] Dies bedeutet, dass auf Finanzmärkten Angebot und Nachfrage von Finanzierungsmittel zusammentreffen und eine Allokation von Finanzmitteln aus Angebot und Nachfrage zu einem Gleichgewichtspreis stattfindet.[15] Der Finanzmarkt stellt weiterhin Produkte wie Termingeschäfte, Futures und Optionen zum Risikotransfer bereit.[16]

Akteure am Finanzmarkt können nach institutionellen und privaten Investoren unterschieden werden. Institutionelle Investoren sind eigenständige juristische Personen, die ihre Marktaktivität im Sinne einer Geschäftstätigkeit betreiben oder zumindest Mitarbeiter führen, die ausschließlich mit der Kapitalanlage betraut sind, und deren Anlagevolumen sich von denen der privaten Investoren abhebt.[17] Demnach besitzen Privatinvestoren ein geringes Anlagevolumen und führen ihre Finanz-

---

[10] Vgl. Sauerwald (2014), S. 19 nach Gischer et al. (2012) S. 2.
[11] Vgl. Lütz (2008), S. 341.
[12] Vgl. Bloss et al. (2009), S. 1 f.
[13] Vgl. Hartwig und Belke (1999), S.4 f.
[14] Vgl. Bloss et al. (2009), S. 1.
[15] Vgl. Bloss et al. (2009), S. 1.
[16] Vgl. Spremann und Gantenbein (2014), S. 1.
[17] Vgl. Picot et al. (1996), S. 15.

marktaktivitäten nicht im geschäftlichen Sinne durch. Aufgrund der hohen Volumina der Geschäfte im Geldmarkt sind Privatpersonen als Akteure eher in den Bereichen des Kapital- und Devisenmarktes aufzufinden.[18]

Die globalen Finanzmärkte sind fast viermal so groß wie die Realwirtschaft und damit für die gesamte Wirtschaft bedeutend.[19] Die vorliegende Arbeit beschäftigt sich mit allen Objekten, die innerhalb des Finanzmarktes gehandelt werden können. Zur Veranschaulichung und Argumentation von theoretischen Sachverhalten werden in der vorliegenden Arbeit bevorzugt Szenarien innerhalb des Aktienmarktes und des Devisenmarktes verwendet. Studien zeigen, dass der US-amerikanische Aktienmarkt mit einem täglichen Durchschnittshandelsvolumen von 7 Milliarden US-Dollar[20] und der Devisenmarkt mit einem globalen Handelsvolumen von täglich 5 Billionen US-Dollar[21] zu den größten Vertretern des Finanzmarktes gehören. Die Ergebnisse dieser Arbeit können auf weitere Teilmärkte innerhalb des Finanzmarktes bezogen werden, in welchen vergleichbare Handelsentscheidungen getroffen werden.

3.1.2 Daten, Informationen und Wissen

Die Aufgabe von Informationssystemen besteht in der Übertragung, Verarbeitung, Transformation, Speicherung und Bereitstellung von Informationen.[22] Der Gegenstand der Information ist dabei grundlegend für das Verständnis von Informationssystemen. Um den Zusammenhang zwischen Daten, Informationen und Wissen darzustellen, soll dies anhand des Devisenkurses Euro zu Dollar veranschaulicht werden.[23]

---

[18] Vgl. Bloss (2009), S. 2-11.
[19] Vgl. Spremann und Gantenbein (2014), S. 70 innerhalb der Beschreibung der Finanztiefe.
[20] Vgl. Ratner (2014) in Referenz auf eine Studie von Bloomberg, für die ersten 30 Tage im Januar 2014.
[21] Vgl. Bank for International Settlements (2013), S. 6.
[22] Vgl. Ferstl und Sinz (2006), S. 1.
[23] Vgl. Krcmar (2015), S.11 f. Das Beispiel wurde sinngemäß übernommen.

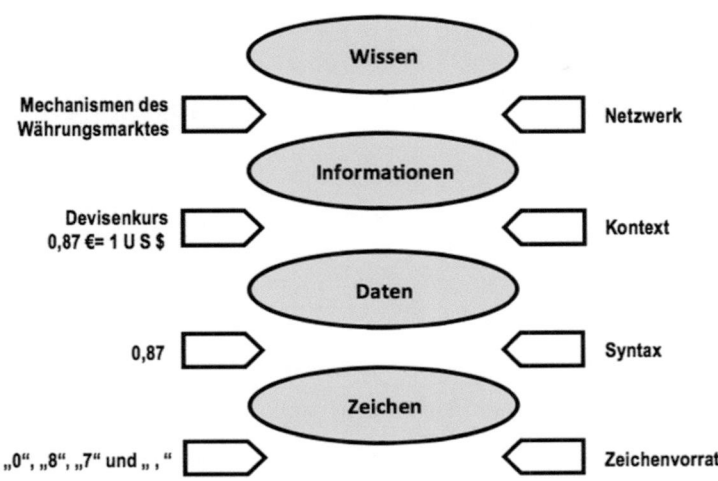

Abbildung 1   Die Beziehungen zwischen den Ebenen der Begriffshierarchie (Quelle: Krcmar (2015), S. 12 in Anlehnung an Rehäuser und Krcmar (1996) S. 6.)

Sind Zahlen einzeln ohne jegliche Syntax gegeben, werden diese Zeichen genannt. Folgen diese einer bestimmten Syntax, wird von Daten gesprochen. Nur wenn der jeweilige Kontext der Daten bekannt ist, kann daraus eine Information abgeleitet wird. Gegenteilig kann also keine Information abgeleitet werden, wenn der Kontext nicht bekannt ist. Diese Aussage erscheint wahr, wenn betrachtet wird, dass ohne den Kontext der Zahl 0,87 keine Annahme über deren Bedeutung gemacht werden kann (vgl. Abbildung 1). Wissen wird durch das Vernetzen verschiedener Informationen generiert. Beispielsweise kann aus der Information, dass der Wechselkurs vor einem Jahr 0,60 € für 1 $ betrug, geschlussfolgert werden, dass der Euro gegenüber dem Dollar an Wert verloren hat und damit billiger geworden ist. Die Vernetzung und Kombination von Informationen stellt die wichtigste Eigenschaft im Sinne der Informationsverarbeitung dar und ist somit ein essenzieller Schritt in der menschlichen Entscheidungsfindung.[24] In Bezug auf die Thematik dieser Arbeit haben Informationen demnach direkten Einfluss auf eine Handelsentscheidung am Finanzmarkt.

„Informationen sind die Rohstoffe von Entscheidungen. Je besser der Entscheidende informiert ist, desto besser ist seine Entscheidung." [25]

---

[24] Vgl. Kulp (1968), S. 16 f.
[25] Zit. n. Schredelseker (2014), S. 197 nach Teichmann (1975).

Dies impliziert die Hypothese, dass mit steigender Menge von Informationen die Qualität einer Entscheidung zunimmt. Die Wahrheit dieser Aussage wird im Anwendungsbereich des Finanzmarktes von der Markteffizienzhypothese (engl. Abk. EMH) widerlegt.

3.1.3 Markteffizienzhypothese

Nachdem die Bedeutung von Informationen und die Funktionsweise des Finanzmarktes definiert worden sind, wird die Bedeutung von Informationen am Finanzmarkt dargestellt. Die EMH wurde 1970 von Nobelpreisträger Eugene Fama entwickelt und beschäftigt sich mit der Frage, ob und wie Informationen sich auf den Finanzmarkt auswirken. Demnach ist ein Kapitalmarkt in Bezug auf seine Informationsmenge ϕ_t effizient, wenn es nicht möglich ist, aufgrund von Informationen ökonomische Gewinne zu erzielen.[26] Dabei kann die Effizienz in schwach, mittelstark und stark unterschieden werden. Bei der Hypothese der starken Effizienz besteht ϕ_t aus sämtlichen Informationen inklusive Insiderinformationen, wobei die Tatsache, dass Insiderhandel stattfindet und kurzfristige Gewinne erzielt, diese Annahme widerlegt. Bei der mittelstarken Kapitalmarkteffizienz sind alle öffentlichen Informationen in ϕ_t enthalten. Demnach wären Fundamentaldaten wie Jahresabschlüsse bereits in den jeweiligen Aktienpreisen einberechnet, und ein Vorsprung durch dessen Auswertung könnte nicht erzielt werden. Eine schwache Informationseffizienz bedeutet, dass ϕ_t nur historische Kursdaten beinhaltet, was eine technische Analyse oder die Analyse nach stochastischen Mustern innerhalb der Preishistorie überflüssig machen würde. Besonders im Rahmen der schwachen Kapitalmarkteffizienz ließen sich jedoch Anlagestrategien identifizieren, die systematisch ökonomisch signifikante Gewinne erzielen konnten und damit die These widerlegen.[27]

Die EMH wird bis heute wissenschaftlich diskutiert. Robert Shiller, der Anreize für die vorliegende Arbeit lieferte, ist ein strenger Gegner der These.

„Für den zwanglosen und ehrlichen Beobachter sollte aufgrund der Volatilitätsargumente wie den hier dargestellten klar sein, dass die Markteffizienzhypothese falsch sein muss [...]. Das Scheitern des Modells der Markteffizienzhypothese ist so drama-

---

[26] Vgl. Fama (1971), S. 383-414.
[27] Vgl. Schiereck und Weber (1995), S.10 ff. nach Gerth und Niermann (2001), S.1.

tisch, dass es unmöglich erscheint, das Scheitern solchen Dingen wie Datenfehlern, Problemen des Preisindex oder Änderungen im Steuerrecht zuzuschreiben." [28]

Besonders die fehlende Erklärung für Finanzblasen oder Kalenderanomalien sind ausschlaggebend für Shillers Beurteilung.[29] Im Kontext dieser Arbeit wird die Ansicht Shillers vertreten und angenommen, dass durch die Auswertung von Informationen eine Überrendite am Finanzmarkt erzielt werden kann. Wäre dies nicht der Fall, würde kein optimales Zusammenspiel zwischen Mensch und Maschine am Finanzmarkt existieren, da keine Ausprägung eine begründete Verbesserung innerhalb der Handlungsentscheidung erzielen würde.

3.2   Handelsentscheidung

Bevor die Analyse des Prozesses der Handelsentscheidung genau definiert werden kann, ist festzulegen, was unter einer Handelsentscheidung verstanden wird. Bezüglich dieser Arbeit ist eine Handelsentscheidung die Festlegung zur Interaktion am Finanzmarkt, die mit dem Kauf oder Verkauf eines Finanzproduktes ausgedrückt wird. Nach der deskriptiven Entscheidungstheorie besteht die Entscheidungsfindung aus Anregung, Suche und Auswahl.[30] Übertragen wir dieses Schema auf den Finanzmarkt, besteht die Anregung im Willen des Akteurs, eine Investition am Markt zu tätigen. Die Suche beinhaltet das Sondieren der Marktdaten. Die Auswahl wird mit der Definition und Selektion von Handlungsalternativen ausgedrückt. Der Finanzmarkt besteht aus einer Menge an Akteuren mit unterschiedlichen Informationsvermögen, Bildungsniveau, Auffassungsvermögen und Verständnis der Märkte geschuldet sein können.[31] Durch die Subjektivität dieser Akteure können aus einer gemeinsamen Informationsgrundlage verschiedene Handelsentscheidungen resultieren.

---

[28] Zit. n. Schulz (2011), S. 55 nach Shiller, Robert J. (1981).
[29] Vgl. Schulz (2011), S. 55 f.
[30] Vgl. Picot und Reichwald (1991), S. 35 f. In Anlehnung an das Phasenschema des Entscheidungsprozesses in der Planungsphase aus Abbildung 1.22.
[31] Vgl. Schredelseker (2015), S. 69. Die Argumentation fußt auf der Annahme, dass, wenn alle Investoren in gleicher Weise informiert wären, daraus denknotwendig eine homogene Verteilung der durchschnittlichen Gewinne und Verluste folgen müsste. was nicht der Realität entspricht.

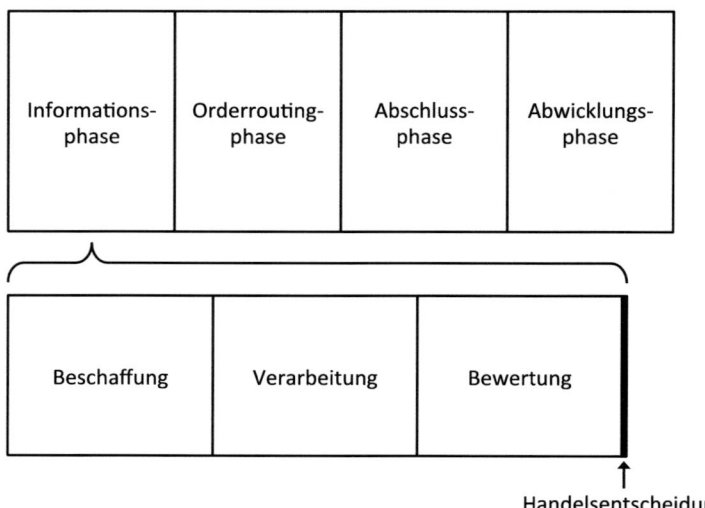

Informations- phase	Orderrouting- phase	Abschluss- phase	Abwicklungs- phase

Beschaffung	Verarbeitung	Bewertung

↑
Handelsentscheidung

Abbildung 2 Lokalisierung der Handelsentscheidung im Handelsprozess nach Picot,
Bortenlänger und Röhrl (1996) (Quelle: Eigene Darstellung)

Der Handelsprozess setzt sich nach Arnold Picot, Christine Bortenlänger und Heiner
Röhrl aus Informationsphase, Orderroutingphase, Abschlussphase und Abwicklungsphase zusammen.[32] Die Handelsentscheidung wird von einem Investor am
Ende der Informationsphase getroffen, bevor ein konkreter Auftrag in der Orderroutingphase ausgeführt wird. Die Informationsphase dient zur Beschaffung von Fi-
nanzmarktdaten und deren Auswertung.[33] Peter Gomber klassifiziert diese Informationen nach marktendogenen und marktexogenen Informationen.[34] Markt-
endogene Informationen entstehen durch den Handelsprozess, demzufolge aus der
Interaktion der Akteure mit dem Finanzmarkt. Marktexogene Informationen sind
Informationen aus der Finanzmarktumwelt, beispielsweise Marktberichte, Geschäftszahlen und Ad-hoc-Nachrichten. Der Ursprung dieser Informationen ist bei der
Verarbeitung mittels Informationssystemen von Bedeutung, da Rückschlüsse auf die
Bewertung der Informationen getätigt werden können. In diesem Kontext ist auch der
Begriff der Markttransparenz zu erwähnen. Die Markttransparenz wird durch die Art
und den Umfang der veröffentlichten Informationen definiert. Demnach ist ein Markt
vollkommen transparent, wenn alle Informationen des Handelgeschehens un-
verzüglich allen Akteuren bereitstehen. [35] Auch wenn dies aus kommunikations-

---

[32] Vgl. Picot et al. (1996), S. 16.
[33] Vgl. Gomber (2000), S. 19.
[34] Vgl. Gomber (2000), S. 19.
[35] Vgl. Rudolph (1994), S. 426.

technischer Sicht durchaus umzusetzen wäre, ist es aufgrund des Konkurrenz-
prinzips der Börsen nicht im Interesse aller Marktteilnehmer. Für die Gewährleistung
eines gerechten Handels ist ein transparenter Markt notwendig, da nur bei gleicher
Informationsbasis eine Chancengleichheit für alle Handelsentscheidungen besteht.
Um dies zugewährleisten, sind in Deutschland gesetzliche Richtlinien im Wertpapierhandelsgesetz verankert. Danach verbietet § 14 WpHG den Handel und die
Bereitstellung von Insiderinformationen, und § 15 WpHG verpflichtet Emittenten zur
umgehenden Veröffentlichung von kursbeeinflussenden Informationen.

Der Informationsbedarf für eine Handelsentscheidung ist abhängig von der ange-
strebten Zielsetzung, von Vorkenntnissen und individualpersönlichen Eigenschaften.[36] Jede Entscheidung setzt die Formulierung von Zielen voraus und dazwischen
bestehende Beziehungen.[37] Wenn die formulierten Ziele konfliktär sind, wie beispielsweise das Ziel des maximalen Gewinns bei gleichzeitigem Einhalten eines
minimalen Risikos, dann beeinflusst dies die Güte der Entscheidung negativ. Die
Informationen, welche eine Handelsentscheidung beeinflussen, werden vom Akteur
festgelegt. Die Selektion von Informationsquellen, welche für Handelsentscheidungen benötigt werden, ist abhängig vom individuellen Informationsbedarf. Es existieren diesbezüglich wissenschaftliche Ausarbeitungen über die Aussagekraft von
Google Suchanfragen[38], historischen Preisbewegungen[39] oder dem Fundamentalwert
von Aktien[40]. Diese Ausarbeitungen beschreiben Handlungsstrategien, die zu einer
Überrendite am Finanzmarkt führen sollen. Eine Handlungsstrategie ist die Planung
von Entscheidungen am Finanzmarkt und das Fundament aller Aktivitäten.[41]

Die Informationsverarbeitung ist die Haupttätigkeit der Akteure am Kapitalmarkt,
ungeachtet dessen, ob der Handel privat oder institutionell verfolgt wird.[42] Qualität
und Quantität der Informationen verbessern dabei die Chancen, am Kapitalmarkt
erfolgreich zu agieren, auch wenn die Irrationalität der Märkte sie stark beeinflusst.[43]
Dies führt zu der Fragestellung, wie bei steigender Informationsdichte die Qualität
und Aussagekraft der Informationen gewahrt werden kann. Zur Eingrenzung des
Überflusses an Informationen werden in der Fachliteratur Methoden wie die Filterung

---

[36] Vgl. Picot und Reichwald (1991), S. 256.
[37] Vgl. Picot und Reichwald (1991), S. 13 f.
[38] Vgl. Preis et al. (2013).
[39] Vgl. Murphy (2004).
[40] Vgl. Piotroski (2001).
[41] Vgl. Gomolka (2011), S. 18 nach Porter (1996) S. 64.
[42] Vgl. Schredelseker (2015), S. 18.
[43] Vgl. Schredelseker (2015), S. 13-15.

oder Reduktion der Informationsquellen genannt.[44] Geschieht dies nicht, kann eine Informationsflut die Folge sein, die eine Handelsentscheidung zeitlich verzögert und zu einer Fehlbewertung oder Ignoranz von Information führen kann. Des Weiteren hat die Begrenzung der Informationen Auswirkungen auf die Akzeptanz von Informationssystemen.[45] Das Hauptproblem der Kommunikation zwischen Mensch und Maschine, den Systemzustand darzustellen, ist, dass der Mensch ihn mit einem Blick erfassen können muss.[46] Die größte Aufgabe besteht darin, aus der Menge an Daten die relevanten Informationen herauszufiltern und entscheidungsgerecht aufzubereiten, welches unter dem Begriff des Information Brokering zusammengefasst werden kann.[47]

Handelsentscheidungen nehmen demnach eine zentrale Stellung in der Interaktion mit dem Finanzmarkt ein. Sie werden im Rahmen der beschriebenen Transaktionskette nach der Informationsphase getroffen und stellen den Übergang in die Orderroutingphase dar. Jeder Handlung am Finanzmarkt liegt eine Handelsentscheidung zugrunde. Im nachfolgenden Kapitel werden die Eigenschaften von maschinellen und humanen Handelsprozessen dargestellt und verglichen.

---

[44] Vgl. Savolainen (2008), S. 165-177.
[45] Vgl. Garfield (1997), in Anlehnung an das Zitat von Calvin N. Mooers: "An information retrieval system will tend not to be used whenever it is more painful and troublesome for a customer to have information than for him not to have it."
[46] Vgl. Nievergelt (1983), S. 42.
[47] Vgl. Bischoff et al. (2013), S. 34.

4 Automatisierungsgrad

4.1 Maschineller Handel

4.1.1 Handelssysteme

Um die Prozesseigenschaften von maschinellem Handel zu untersuchen, werden vorerst die zugrunde liegenden Systeme analysiert. Systeme, die maschinellen Handel durchführen, werden als Handelssysteme bezeichnet und in der Fachliteratur unterschiedlich definiert. Sie werden zum einen als Informationssysteme betrachtet, die eigenständig über den Kauf und Verkauf von Wertpapieren entscheiden.[48] Zum anderen wird unter dem Begriff die elektronische Zusammenführung von Kauf- und Verkaufsordern verstanden, was der Bildung eines elektronischen Börsenplatzes gleichkommt.[49] Im Rahmen dieser Arbeit wird der Prozess der Handelsentscheidung von Akteuren am Finanzmarkt untersucht, weshalb die erste Definition zutreffender ist. Das Schema, welches einem Handelssystem zugrunde liegt, wird als Algorithmic Trading bezeichnet. „Algorithmic Trading ist die Ausführung und Unterstützung einer Handelsstrategie unter Zuhilfenahme von intelligenten, elektronischen Lösungsverfahren, die miteinander kombiniert werden können."[50] Im Kontext dieser Arbeit wird die Begrifflichkeit des Algorithmic Trading mit maschinellem Handel gleichgesetzt.

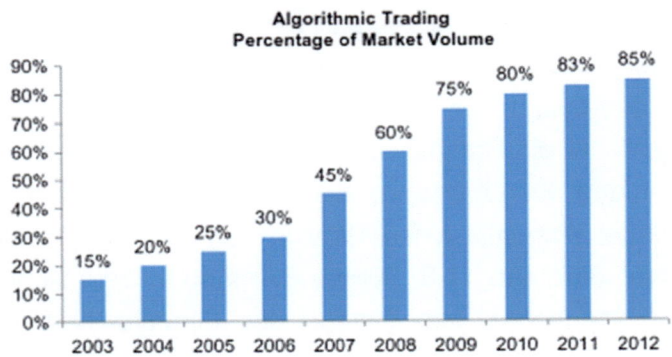

Abbildung 3 Prozentualer Anteil des globalen Marktvolumens (Quelle: Glantz und Kissell (2013) S. 258.)

---

[48] Vgl. Ignatovich (2006), S. 1 f.
[49] Vgl. Gomber (2000), S. 27.
[50] Zit. n. Gomolka (2011), S.18.

Die Bedeutung von Algorithmic Trading wuchs mit der zunehmenden Digitalisierung des Finanzmarktes (vgl. Abbildung 3). Das Marktvolumen beschreibt dabei die Menge oder den wertemäßigen Betrag der gehandelten Finanzobjekte. Aus Abbildung 3 geht hervor, dass im Jahr 2012 nur 15 % des globalen Marktvolumens nicht von algorithmischen Systemen verursacht wurden. Der seit 2003 zunehmende Trend zu Transaktionen mittels algorithmischer Handelssysteme ist ein Indiz für die Effizienz und den Erfolg derartiger Systeme. Aus der Studie ist jedoch nicht ersichtlich, wie die Datenbasis erhoben wurde und welche Transaktionen als algorithmische Ausführungen gewertet wurden. Beispielsweise ist eine Aufgabe von Handelssystemen, große Blockaufträge in eine Menge von kleinen Kaufaufträgen zu parzellieren, um den Kaufpreis nicht schlagartig zu beeinflussen. Die Handelsentscheidung kann dabei theoretisch manuell von einem Akteur getroffen worden sein, wobei der Algorithmus nur die Abwicklung des Auftrags beeinflusst. So ein Auftrag würde im Rahmen dieser Untersuchung als algorithmische Transaktion klassifiziert werden. Des Weiteren muss der untersuchte Wert des Marktvolumens kritisch betrachtet werden. Algorithmische Systeme sind in der Lage, viele Transaktionen in kurzer Zeit durchzuführen, was sich auf das Marktvolumen auswirkt. Als Erklärung soll ein fiktives Szenario dienen, in dem eine Zeitspanne von einer Minute betrachtet wird, während derer ein Aktienkurs stetig steigt, und zwar alle zehn Sekunden um 1 $. Der Wert der fiktiven Aktie beträgt zum Startzeitpunkt 5 $ und nach einer Minute 11 $. Ein fiktives algorithmisches Handelssystem kauft eine dieser Aktien im Moment des Steigens und verkauft sie nach zehn Sekunden wieder, um erneut zu kaufen usw. Jede Transaktion wird dabei in der Bilanz des Handelsvolumens addiert. Innerhalb einer Minute generiert das System insgesamt 6 $ Gewinn und erzeugt dabei ein Handelsvolumen von insgesamt 96 $. Ein manueller Investor kauft am Anfang der Zeitspanne die Aktie und verkauft diese nach einer Minute. Er erzielt dabei ebenfalls einen Gewinn von 6 $, erzeugt dabei aber ein geringeres Handelsvolumen von 11 $. Dieses Szenario ist rein fiktiv und ein stark abstrahiertes Abbild der realen Bedingungen des Finanzmarkts. Es verdeutlicht jedoch, dass das Marktvolumen nur über die getätigten Handlungen Aufschluss gibt, ohne die Effektivität zu berücksichtigen. In Abbildung 3 ist daher nicht zu erschließen, ob algorithmisches Handeln erfolgreich oder effizient ist. Es lässt sich nur feststellen, dass diese Systeme eine hohe Prozentzahl des Handelsvolumens erzeugen.

Um gezieltere Aussagen über maschinellen Handel von Handelssystemen zu treffen, ist dieses Gebiet differenziert zu untersuchen. Als Abgrenzung dienen der Anlagehorizont und die Geschwindigkeit der Transaktionen. Bezieht sich der Handelsprozess auf die Zeitspanne von Sekundenbruchteilen, wird von Hochfrequenzhandel gesprochen, wobei eine längerfristige Anlage von mehreren Tagen als systematischer Handel bezeichnet wird.[51] In den folgenden zwei Kapiteln werden diese zwei Systematiken nun genauer analysiert.

4.1.2 Hochfrequenzhandel

Der Hochfrequenzhandel wird in der Fachliteratur oft mit der englischen Bezeichnung „high-frequency trading" (Abk. HFT) erwähnt. Er beschreibt die vollautomatisierte Generierung und Ausführung von Aufträgen in sehr kurzen Zeitfenstern innerhalb eines Handelstages.[52]

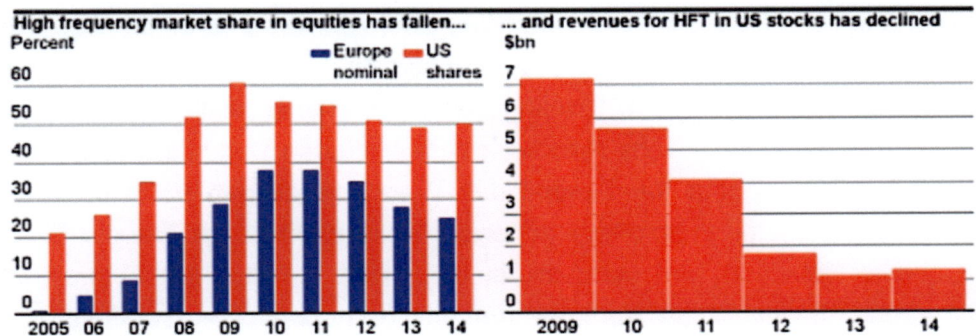

Abbildung 4   Hochfrequenzhandel, Marktanteil im Aktienmarkt und Umsatz mit US-Aktien (Quelle: Gregoriou (2015) S. 134 nach Daten der TABB Group)

Neuste Studien zeigen, dass Marktanteil und Umsatz des HFT seit 2011 tendenziell abnehmen (vgl. Abbildung 4). Die Ursache hierfür könnten beispielsweise regulatorische Restriktionen, die Konzentration in andere Märkte oder eine fehlende Rentabilität der Systeme sein. Faktisch lässt sich jedoch festhalten, dass die Tendenz fallend ist, was bedeutet, dass eine Vollautomatisierung der Märkte voraussichtlich nicht durch das HFT erfolgen wird. Der rückläufige Trend impliziert weiterhin, dass der Erfolgsfaktor von Handelssystemen zukünftig weniger allein von Schnelligkeit determiniert wird.

---

[51] Vgl. Aldridge (2009b), S. 18.
[52] Vgl. U.S. Securities and Exchange Commission (2014), S. 4.

Ein Vorteil der hohen Handelsgeschwindigkeit von Hochfrequenzhandelssystemen ist die Reduktion des Bid- und Ask-Spreads.[53] Dies bedeutet, dass der Unterschied zwischen dem höchsten bekannten Verkaufspreis und dem niedrigsten Kaufpreis am Markt geringer wird, was eine präzisere Preisbildung zur Folge hat. Das HFT kann weiterhin verwendet werden, um große Aufträge in kleinere Teilaufträge zu teilen und somit eine kurzfristige Marktreaktion zu vermeiden. Hierzu kann der Kaufauftrag auf auch mehrere Handelsplätze verteilt werden. Um die hohe Geschwindigkeit beim Ausführen der Handelsaktion zu erreichen, müssen die vorgeschalteten Berechnungen performant sein. Daraus folgt, dass diese Art von Handelssystemen nicht für Strategien mit operativem Data Mining unter Verwendung großer Datenmengen geeignet ist, da dies die Geschwindigkeit der operierenden Systeme verschlechtern würde. Handelsstrategien für HFT sind beispielsweise „Market Making", „Arbitrage Trading" und „Liquidity Detection Trading".[54] Die Strategie des Market Making profitiert von dem oben erwähnten Unterschied zwischen Angebots- und Nachfragepreis an einem Handelsplatz. Arbitrage Trading bezeichnet einen risikolosen Handel. Dieser kann durch unterschiedliche Preise an verschiedenen Handelsplätzen erzielt werden. Ein Arbitrage Trader kauft dabei den Wert zum billigen Preis an einem Handelsplatz und verkauft ihn an einem anderen Handelsplatz teurer. Bei der Strategie der Liquidity Detection wird versucht, institutionelle Aufträge am Finanzmarkt aufzuspüren und die impliziten Kursbewegungen zu nutzen. Die Strategien des Market Making und des Arbitrage Trading sind die primären Strategien im HFT.[55]

Grundsätzlich ist festzuhalten, dass das HFT von der Geschwindigkeit der Transaktionen profitiert. Daraus ergeben sich Einschränkungen für die Komplexität der zugrunde liegenden Algorithmen.

4.1.3 Systematischer Handel

Im Gegensatz zum HFT agieren systematische Handelssysteme in der Zeitspanne von mehreren Tagen.[56] Nach den Ideen von Aldridge beinhalten Systeme dieser Art Elemente des Datenmanagements, der Signalgenerierung für Kaufentscheidungen, der Portfoliooptimierung, des quantitativen Risikomanagements und eine Ausfüh-

---

[53] Vgl. Gregoriou (2015), S. 133.
[54] Vgl. Shorter und Miller (2014), S. 11 f.
[55] Vgl. Gregoriou (2015), S. 114.
[56] Vgl. Aldridge (2009a), S. 18.

rungskomponente für die Abwicklung der Handlungen.[57] Dabei ergibt sich das Problem, dass sich der Finanzmarkt aus einer Vielzahl von unbekannten Variablen zusammensetzt und der Erfolg eines systematischen Handelssystems an die Definition dieser Parameter gekoppelt ist.[58] Ein systematisches Handelssystem entscheidet auf Basis von Indikatoren, wie die aktuelle Marktlage einzuschätzen ist. Schneiden sich vordefinierte statische oder dynamische Schwellwerte, kann eine systematische Handelsentscheidung getroffen werden.[59] Beispielsweise dienen bei der sogenannten Trendfolgestrategie der 30-Tage gleitende Durchschnitt und der 100-Tage gleitende Durchschnitt eines Basiswerts als Indikatoren für eine Handelsentscheidung. Schneiden sich die beschriebenen Indikatoren, ist dies laut der Trendfolgestrategie ein Anzeichen für eine Trendwende und somit ein Einstiegspunkt für ein systematisches Handelssystem.

Der Entwicklungsfortschritt bei neuronalen Netzen und der Artificial Intelligence erhöht die Flexibilität innerhalb der Entscheidungsfindung und der Verwendung von Bezugsparametern. Durch das überwachte Lernen mit definierten Startdaten werden die besagten Systeme trainiert und können mithilfe statistischer Methodiken auch bei neuartigen Datenausprägungen gleichen Typs fundierte Handlungen ableiten.[60] Diese situative Anpassungsfähigkeit ist aufgrund der Dynamik und Komplexität der Finanzmärkte eine essenzielle Erfolgskomponente für eine langfristige Überrendite.

Die Vorzüge der Automatisierung von Handelsentscheidungen sind zum einen die niedrige Fehlerrate. Diese liegt durchschnittlich bei 10^{-9}, wobei jeder Fehler kritisch sein kann und die Verarbeitung von zuvor unbekannten Fehlern bei einer maschinellen Ausführung problematisch ist.[61] Hinsichtlich der Thematik dieser Arbeit bedeutet dies, dass Handelsstrategien, die technisch implementiert wurden, vom ausführenden System nahezu fehlerfrei umgesetzt werden. Treten jedoch Fehler auf, hat dies negative Auswirkungen auf die Stabilität des Systemablaufs. Ein weiterer Vorzug von systematischen Handelssystemen ist die Möglichkeit eines Rückvergleichs mit historischen Marktdaten.[62] Eine implementierte Strategie wird dabei für einen vordefinierten Zeithorizont mit historischen Marktdaten getestet, um die getroffenen Entscheidungen auf ihre Erfolgsrate zu untersuchen. Dies bietet die Chance, das Handelssystem in einer simulierten Umgebung zu beobachten und mögliche Defizite

---

[57] Vgl. Aldridge (2009a).
[58] Vgl. Keyes (2000), S. 139-141.
[59] Vgl. Lyder (2005), S. 17 f.
[60] Vgl. Wang (2013), S. 5 f.
[61] Vgl. Risak (2013), S. 8 in Referenz auf Tabelle 1.
[62] Vgl. Carver (2015), S. 22 f.

zu beseitigen, bevor diese einen monetären Verlust verursachen. Dies impliziert eine grundlegende Annahme von systematischen Händlern, dass durch die Auswertung historischer Marktdaten Rückschlüsse auf die zukünftige Entwicklung getroffen werden können. Bei der Ableitung dieser Muster können zwei unterschiedliche Vorgehensweisen klassifiziert werden. Zur Ableitung einer systematischen Strategie kann mit der Analyse von historischen Daten begonnen werden. Dies bedeutet, die Daten mithilfe von Korrelationsanalysen oder Mustererkennung zu untersuchen und aus gefundenen Zusammenhängen Handlungsbedingungen abzuleiten. Ein zweiter Ansatz startet mit einer Handlungsbedingung oder Handlungsidee und überprüft diese auf den Erfolg in der Vergangenheit. Beide Methodiken können aufgrund der analytischen Vorgehensweise dokumentiert und nachvollzogen werden. Des Weiteren sind systematische Handelsentscheidungen aufgrund ihres technischen Bezugs skalierbar. Daher können Ketten von Bedingungen und Berechnungen durchgeführt werden, wobei die Komplexität dieser Ketten nur an die Leistung der ausführenden Hardwarekomponenten gekoppelt ist. Ist diese Leistung ab einem Punkt nicht mehr ausreichend, kann durch Verbesserung oder Erweiterung der Hardware eine Leistungssteigerung erzielt werden.

4.1.4   Gefahren

Nachdem das Gebiet der Handelssysteme analysiert wurde und sowohl die Eigenschaften des Hochfrequenzhandels als auch die des systematischen Handels skizziert wurden, werden nun gezielt die Gefahren von technischen Handelssystemen hinsichtlich des Finanzmarktes beleuchtet. Der automatisierte Handel ist aufgrund seiner Auswirkung auf die Finanzwelt sowohl in der Fachliteratur als auch im finanzmedialen Kontext ein viel diskutiertes Thema. 66 % der Experten vom Zentrum für Europäische Wirtschaftsforschung halten eine stärkere Regulierung der algorithmischen Handelsmethoden für notwendig, um die Stabilität der Finanzmärkte zu gewährleisten.[63] Begründet wird dies unter anderem mit der Furcht vor einem Dominoeffekt, bei dem unterschiedliche Algorithmen ineinandergreifen und unter bestimmten Marktkonstellationen eine Gefährdung der Marktstabilität darstellen.[64] In einer Studie fanden Wissenschaftler der University of Miami heraus, dass es zwischen 2006 und 2009 18.520 extreme Kursausbrüche gab, die jeweils in weniger als 1.500

---

[63] Vgl. Zentrum für Europäische Wirtschaftsforschung (2010).
[64] Vgl. Zentrum für Europäische Wirtschaftsforschung (2010), in Anlehnung an die Aussagen von Wissenschaftler Michael Grünewald.

Millisekunden stattgefunden haben.[65] Die geringe Zeitspanne ist ein Beweis, dass diese Kurssprünge von algorithmischen Handelssystemen verursacht wurden sind. Diese sogenannten Minicrashs tauchen ohne vorherige Anzeichen auf und sind bezüglich ihrer Unberechenbarkeit ein präsentes Risiko für die Finanzmärkte. Dr. Joachim Nagel, Vorstandsmitglied der Deutschen Bundesbank, wies in einer Rede auf die möglichen Gefahren des algorithmischen Handels hin. Dabei bemerkt er, dass algorithmischer Handel einen Platz im Marktgefüge haben, dieses jedoch nicht dominieren oder belasten sollte.[66] Damit impliziert Nagel, die Existenz einer realen Gefahr, dass maschineller Handel das Marktgefüge negativ belasten kann. Es ist zu erörtern, ob die beschriebenen Nachteile mit den Vorteilen einer erhöhten Marktliquidität und einer größeren Preisgleichheit aufgewogen werden können.

Es wird angenommen, dass alle dominierenden Handelssysteme über Sicherheitsmechanismen verfügen, die das System vor übermäßigen Verlusten schützt. Im Falle einer Krise, welche diese Mechanismen auslösen würde, wäre eine erhöhte Liquidität durch das HFT nicht mehr gegeben, obwohl sie in dieser Situation am dringendsten benötigt würde.

Die größte Gefahr besteht in der systematischen Marktmanipulation durch algorithmische Handelssysteme. Ein Beispiel hierfür ist das sogenannten „Spoofing". Dabei werden vorzüglich auf Terminmärkten große Volumina von Kontrakten geordert, um einen Pessimismus oder Optimismus am Markt vorzutäuschen. Vor der eigentlichen Ausführung der Order wird die Transaktion abgebrochen. Durch die vorgetäuschten Aktivitäten am Terminmarkt besteht die Möglichkeit, dass andere Marktteilnehmer und Algorithmen auf diese Bewegungen aufmerksam werden und darauf reagieren. Diese Marktreaktion ist für den Verursacher vorhersehbar und kann durch eine Spekulation auf diese Marktbewegung monetarisiert werden. Der in der Einleitung erwähnte Flash Crash konnte nach langjähriger Recherche auf diese Art der Marktmanipulation zurückgeführt werden.[67] Derartige Handelsmodelle bewirken eine gezielte Destabilisierung der Finanzmärkte und stellen laut § 20a WpHG deutschen Rechts eine Kursmanipulation dar. Die Regulierung des Hochfrequenzhandels gestaltet sich als schwierig, da Gesetze und Regulierungen die Entwicklung von außerbörslichen Handelsplätzen, sogenannten Dark Pools, fördern. Diese Handelsplätze entziehen sich den internationalen Aufsichtsbehörden, haben aber dennoch Auswirkungen auf den regulierten Markt. Dies führt zu dem Schluss, dass automati-

---

[65] Vgl. Johnson, et al. (2013).
[66] Vgl. Nagel (2012), wobei die Argumentation explizit zum Hochfrequenzhandel stattfand.
[67] Vgl. Peterson (2015), S. 1.

sierter Handel eine begründete Gefahr für die Stabilität der Finanzmärkte darstellt und das von ihnen ausgehende Risiko aus den aufgeführten Gründen nur teilweise reguliert werden kann.

4.1.5 Technische Grenzen

Die Digitalisierung des Handelsgeschehens im Rahmen von voll automatisierten Handelssystemen bewegt sich in Grenzen. Diese werden durch den wissenschaftlichen Forschungsstand von Teilgebieten der Informatik determiniert. Dabei sind Fortschritte auf Basis der Softwareebene und des Datenmanagements ebenso maßgeblich wie die Entwicklung von Computerhardware und Signalleitern. Weiterführend existieren strukturelle Grenzen innerhalb der Algorithmik und naturwissenschaftliche Grenzen innerhalb der Physik, die sich auf die technischen Möglichkeiten von Handelssystemen auswirken.

Algorithmen handeln gemäß vorgegebenen Mustern und Bedingungen. Abweichungen zu diesen Mustern, wie beispielsweise Finanzblasen oder wirtschaftliche Krisen, unterscheiden sich vom normalen Verhalten der Kapitalmärkte und können nur begrenzt von mathematischen Modellen erkannt werden. Da Finanzmärkte aufgrund der unendlichen Menge an Einflussfaktoren nicht rational zu erklären sind, gestaltet es sich schwer, die Entwicklung von Werten innerhalb des Finanzmarkts auf Basis rationaler Methoden zu prognostizieren. Daher können bestimmte Handelschancen, welche für erfahrene Händler zu erkennen sind, nicht von systematischen Handelssystemen erkannt werden.[68] Die Determinierung durch die Algorithmik hat zur Folge, dass eine Berechenbarkeit der algorithmischen Handelsentscheidungen existiert. Da ein Algorithmus, wie bereits beschrieben, Entscheidungen systematisch nach Mustern trifft, kann bei einem Bekanntwerden dieses Musters die Handlung vorhergesagt und dagegen gehandelt werden.[69] Dieses Risiko kann durch Geheimhaltung des Systems und Steigerung der Komplexität verringert, aber nicht beseitigt werden. Weiterhin benötigen Handelsentscheidungen bei niedriger Informationslage das Antizipieren und die Anwendung von Transferwissen. Das maschinelle Denken ist in den Bereichen Zuverlässigkeit und Schnelligkeit bereits leistungsfähiger als das menschliche Gehirn, wobei die schöpferischen Fähigkeiten bis heute diskutiert

---

[68] Vgl. Lyder (2005), S. 6.
[69] Vgl. Slavin (2011), in Anlehnung an die Informationen zu algorithmischen Handelsprogrammen, deren Vorgehensweise und Nachteile.

werden.[70] Schnittstellen für den externen Datenbezug müssen technisch definiert werden. Dies ist bei umfangreichen Markteinschätzungen oder Währungsbewertungen nur bedingt möglich, da die Form der Daten und die Quelle der Informationen sich über verschiedene Medien erstrecken und in einen stetigen medialen Wandel involviert sind.

Die anfangs erwähnten physischen Grenzen beziehen sich im Rahmen des algorithmischen Handels auf die Übertragungsgeschwindigkeit der Daten. In diesem Kontext bildet die Lichtgeschwindigkeit das Maximum. Die zurzeit schnellste Übertragungsmöglichkeit stellen Lichtleitkabel dar, die über einen Brechungsindex von 1,4475 verfügen und damit circa 5 Millisekunden für die Distanz von 1.000 Kilometern benötigen.[71] Wegen dieser, wenn auch geringen, Zeitspanne beeinflusst die geografische Lage der Handelssysteme deren Interaktionsgeschwindigkeit. Dies hat zur Folge, dass besonders Hochfrequenzhandelssysteme möglichst nah an die Börsen platziert werden müssen, um eine maximale Übertragungsgeschwindigkeit zu gewährleisten. Dadurch entsteht in den besagten Zonen ein Platzmangel, der eine Weiterung Limitierung dieses Handels darstellt. Im Jahr 2010 wurden rund 2 Milliarden US-Dollar in die Infrastruktur von algorithmischen Handelssystemen investiert.[72] Ein Projekt dieser Art ist beispielsweise die Errichtung eines 300 Millionen US-Dollar teuren und 825 Meilen langen Glasfaserkabels zwischen der Wall Street und der Chicago Mercantile Exchange.[73] Die hohen Initialkosten eines automatisierten Handelssystems durch Infra- und Softwarestruktur sind Einstiegsbarrieren für Akteure mit niedrigem Investitionsvolumen. Eine weitere Eingrenzung stellen gesetzliche und regulatorische Restriktionen dar, die am jeweiligen Zielmarkt Gültigkeit besitzen. Müssen Bedingungen wie eine minimale Haltedauer nach dem Erwerb eines Wertes eingehalten werden, begrenzt dies die Handlungsfreiheit des handelnden Systems.

Schlussendlich ist festzuhalten, dass der informationstechnische Fortschritt neue Möglichkeiten für die automatisierte Handelsentscheidung am Finanzmarkt liefert. Maßgeblich sind dabei die niedrige Fehlerrate und die hohe Ausführungsgeschwindigkeit zu nennen. Handelssysteme stellen jedoch ebenfalls eine Gefahr für die Marktstabilität dar und sind durch regulatorische und naturwissenschaftliche Gesetzgebungen in ihrem Handel determiniert. Nachfolgend wird die Entscheidungsfindung beim manuellen Handel untersucht.

---

[70] Vgl. Kulp (1968), S. 134.
[71] Vgl. Paschotta (2015).
[72] Vgl. Gregoriou (2015), S. 114 basierend auf Schätzungen.
[73] Vgl. Gregoriou (2015), S. 114.

4.2   Manueller Handel

4.2.1   Einfluss der Verhaltenspsychologie

Der manuelle Handel bedeutet im Zusammenhang dieser Arbeit, dass die Entscheidungsfindung von einem menschlichen Individuum durchgeführt wird. Eine Kerneigenschaft, die manuellen Handel von maschinellem Handel unterscheidet, besteht im Einfluss der Verhaltenspsychologie auf die menschliche Entscheidungsfindung.

Finanzmärkte verhalten sich aufgrund ihrer unbestimmten Einflussfaktoren irrational.[74] Ein Teil der Irrationalität von Märkten wird durch das irrationale Verhalten von Händlern hervorgerufen. Bei menschlichen Entscheidungen kommt es aufgrund von Einflussfaktoren der Verhaltenspsychologie zur Fehlbewertung von Informationen. Händler lassen sich von Emotionen oder medialen Faktoren unbewusst beeinflussen. Im Rahmen der sogenannten Dotcom-Blase im Jahr 2000 geschah eine Überbewertung des Aktienmarktes, speziell bei Technologieunternehmen.[75] Mit der Spekulation auf unprofitable Technologieunternehmen haben sich private und institutionelle Händler bei der Entscheidungsfindung mehr von subjektiven Eindrücken als von objektiven Analysen lenken lassen. Für die Entwicklung von Gefühlen und Emotionen ist das limbische System im Gehirn verantwortlich.[76] Impulse aus diesem System können die Verhaltensweise eines Menschen bei seiner Handelsentscheidung verändern.[77] Unabhängig von der konkreten Anlagestrategie verzerren diese Impulse unbewusst die reale Marktlage. Dies führt zu Handelsentscheidungen, die ohne den Einfluss von Gefühlen und Emotionen nicht getroffen worden wären.

Es stellt sich die Frage, ob der soziopsychologische Faktor in der menschlichen Entscheidungsfindung am Finanzmarkt negativ oder positiv zu bewerten ist. Wie bereits beschrieben, verzerrt dieser Faktor die reale Marktlage. Wenn ein Großteil der Akteure die Informationen aufgrund ähnlicher Emotionen interpretiert, bewegt sich der Markt in Reaktion auf Emotionen. Die subjektive Wahrnehmung kann dazu benutzt werden, die Stimmung des Marktes zu deuten. Um dies zu analysieren, wird die Spekulationsblase von 2000 als Beispiel verwendet. Es wird angenommen, dass eine fiktive Firma A ein unprofitables Geschäft besitzt, das jedoch aus spekulativen Gründen sehr hoch bewertet ist und dessen Aktienkurs eine steigende Tendenz

---

[74] Vgl. DeVitto (2013), S.160.
[75] Vgl. Kraay und Ventura (2005), S. 5.
[76] Vgl. Deutscher Manager-Verband (2004), S. 236.
[77] Vgl. Deutscher Manager-Verband (2004), S. 236.

aufweist. Ein Händler, der rein objektiv die Geschäftszahlen analysiert, investiert wegen des unprofitablen Geschäfts nicht in Firma A. Aufgrund des emotionalen Phänomens des Herdentriebs investiert aber Händler B. Sein Interesse an Firma A weckt das von zunehmend mehr Händlern, bis der Aktienkurs einbricht. Händler B könnte vom kurzzeitigen Kursanstieg der Aktie profitieren. Dies setzt jedoch voraus, dass er einen Verkaufszeitpunkt findet, an dem die Emotion des Herdentriebs größer als die aufkommende Verkaufspanik ist. Ein bewusstes Wahrnehmen von Emotionen kann eine Handelsentscheidung am Finanzmarkt demnach positiv beeinflussen. In der Fachliteratur wurde der Einfluss von Psychologie auf den Finanzmarkt bereits unter dem Begriff des „Behavioral Finance" definiert und untersucht.[78] Dabei wurden psychologische Phänomene wie beispielsweise Selbstüberschätzung, Optimismus, Repräsentativitätsheuristik und Ankerheuristik festgestellt, die das menschliche Handeln bei Investitionsentscheidungen unterbewusst beeinflussen.[79] Auch der Umgang mit Fehlentscheidungen erfolgt irrational.[80] Die Schwierigkeit besteht darin, die affektive Gefühlsregung als solche bewusst zu identifizieren und wahrzunehmen. Nur dann kann sie zu einer Verbesserung der Handelsentscheidung führen. Die bewusste Wahrnehmung und Kontrolle von Emotionen im Investitionsprozess setzt das Wissen über die Existenz der psychologischen Phänomene voraus sowie Erfahrung mit dem Umgang und der Bewertung der eigenen Wahrnehmung. Die Auswirkung von subjektiven Empfindungen ist vom Gefüge der Marktakteure abhängig. Wenn zu wenig Akteure emotional agieren, hat dies keine signifikante Auswirkung auf das Marktgeschehen. In diesem Markt ist eine affektive Entscheidungsfindung demnach negativ zu bewerten.

Allgemein lässt sich feststellen, dass unterbewusstes Handeln nachteilig für die Entscheidungsfindung ist. Es ist nicht möglich, unterbewusste Einflussfaktoren komplett auszublenden, da diese sich nicht im menschlichen Bewusstsein befinden und damit nicht wahrgenommen werden können. Mittels Handelserfahrung und Kenntnissen über die häufigsten Phänomene der Verhaltenspsychologie lässt sich die unterbewusste Handlungsführung reduzieren. Die Wahrnehmung dieser Phänomene kann vorteilig benutzt werden, da sie dabei hilft, Märkte und deren Akteure einzuschätzen.

---

[78] Vgl. Shiller R. J. (2003).
[79] Vgl. Barberis und Thaler (2003), S. 1065 ff.
[80] Vgl. Larrick und Boles (1995), S. 87 ff.

4.2.2 Wissensverknüpfung und Kreativität

Im Rahmen der Evolution hat der Mensch seine Anpassungsfähigkeit an neue geografische Umgebungen bewiesen. Für eine langfristige Überrendite am Finanzmarkt ist eine Anpassung an die dynamische Marktstruktur und den wechselnden Einfluss von Faktoren der Umwelt ebenso erforderlich. Diese Anpassungsfähigkeit und die Fähigkeit, Transferwissen anzuwenden, um auch neuartige Probleme zu lösen, gründet im analytischen Denken.

Biologisch findet das analytische Denken auf der rechten Seite des Neocortex statt, während die kreativen Denkprozesse auf der linken Seite lokalisiert sind.[81] Es ist das bedeutendste Instrument für die Flexibilität des menschlichen Denkens.[82] Begründete Entscheidungen werden dabei speziell im Teil des präfrontalen Cortex getroffen.[83] Bei einem Informationsmangel wird die Fähigkeit, analoge Informationen zu beschaffen, verknüpfen und daraus Wissen zu abstrahieren, benötigt. Liegen für eine Handelsentscheidung wenig konkrete Informationen vor, kann dieses Defizit durch Transferleistungen und Schätzungen eingegrenzt werden. Am Finanzmarkt ist diese Eigenschaft nur in speziellen Nischenbereichen nötig, da an den meisten Märkten eine Informationsflut festzustellen ist.

Informationsmangel stellt dabei nicht die einzige Situation dar, in welche die obigen Fähigkeiten Anwendung finden. Durch Kreativität können neue Theorien und Strategien zur Einschätzung des Finanzmarktes erstellt werden. Dies betrifft nicht den operativen Teil einer Handelsentscheidung, sondern ein konkretes Dogma, an welchen Informationen die Handlung ausgerichtet wird und wie diese Informationen bewertet werden. Nur durch die Vernetzung von verschiedenen Informationen und das Bilden von Kausalketten können diese Dogmen abgeleitet und begründet werden. Die Individualität, mit welcher einzelne Personen den Prozess durchführen, mündet hierbei in eine Vielzahl an verschiedenen Theorien und Ideen. Dies kann auf das psychologische Phänomen des „Framing" zurückgeführt werden, wobei der „Frame" der Blickwinkel eines entscheidenden Individuums ist und die Einschätzung des Problems sowie des möglichen Ausgangs darstellt.[84] Durch die Kommunikationsmöglichkeiten des Menschen lassen sich Theorien austauschen, die gegebenenfalls eine Grundlage für neue Hypothesen bilden.

---

[81] Vgl. Deutscher Manager-Verband (2004), S. 236.
[82] Vgl. Deutscher Manager-Verband (2004), S. 236 f.
[83] Vgl. Damasio und Damasio (2012), S. 43 ff.
[84] Vgl. Ackert und Deaves (2009), S. 14.

Die Ausarbeitung von individuellen Handelsstrategien bietet im Finanzmarkt einen Vorteil, da sich die daraus resultierenden Ergebnisse nicht empirisch berechnen lassen. Sie können nur nachvollzogen werden, indem eine ähnliche Kausalkette zusammengestellt wird und die gleichen Schlussfolgerungen gezogen werden. Diese Unberechenbarkeit bietet einen Wettbewerbsvorteil und hat einen positiven Einfluss auf Handelsentscheidungen am Finanzmarkt.

4.2.3 Biologische Limitierung

Im biologischen Aufbau des Menschen setzt die Natur Limitierungen für dessen Handeln. Um sich zu erholen und zu regenerieren, braucht der Mensch Schlaf. Dies sind Phasen, in denen keine bewussten Handelsentscheidungen getroffen werden können. Die Zeit, in der dies geschieht, wird durch Arbeits- und Börsenöffnungszeiten festgelegt, welche sich örtlich unterscheiden. In einem globalen Finanzmarkt hat dies jedoch zur Folge, dass ein Händler den Markt nicht dauerhaft beobachten kann. Die eingegrenzte Verfügbarkeit des Menschen ist besonders bei einer handelsentscheidenden Funktion problematisch, da keine kontinuierliche Entscheidungsfähigkeit gewährleistet werden kann. Eine Möglichkeit, diese biologische Eigenschaft ohne technologische Unterstützung zu umgehen, ist der Einsatz von mehreren Personen, wobei diese optimalerweise in entgegengesetzten Zeiträumen platziert sind. Müdigkeit, die aus mangelndem Schlaf resultiert, bewirkt eine verstärkte Ablenkbarkeit. Der Mensch ist im Gegensatz zu Maschinen ablenkbar und ermüdet.[85] Dies ist ein weiterer limitierender Faktor, der die Handelsentscheidungen von Menschen am Finanzmarkt negativ beeinflusst. Unaufmerksamkeit und Ablenkung führen zu Verzögerungen oder Fehlern während der Entscheidungsfindung. Die Fehlerrate beim Menschen liegt durchschnittlich bei 10^{-2} bis 10^{-4}.[86] Um dies zu vermeiden, müssen Menschen ihre Aufmerksamkeitsspanne bewusst hoch halten, was jedoch aufgrund der biologischen Limitierung nicht dauerhaft praktiziert werden kann. Die Fähigkeit, die Aufmerksamkeitsspanne hoch zu halten, ist individuell festgelegt und muss teilweise bewusst angeeignet werden. Die Aufmerksamkeitsspanne und damit die Leistung kann nicht empirisch berechnet oder geplant werden, was Voraussagen über die intellektuelle Leistung eines Händlers erschwert. Bei einer stetigen Belastung durch das Verarbeiten von Informationen tritt eine Ermüdung des Organismus ein und verhindert eine konstante Informationsverarbeitung. Das fundamentale

---

[85] Vgl. Risak (2013), S. 8 in Referenz auf Tabelle 1.
[86] Vgl. Risak (2013), S. 8.

Problem liegt nicht allein in der Verarbeitung der Vielzahl an Informationen, sondern in der Limitierung der Aufmerksamkeitspanne und den kognitiven Fähigkeiten, die Informationen aus dem Gedächtnis zu rufen.[87] Mittels geplanter Pausen kann versucht werden, die menschliche Leistungsfähigkeit zu organisieren.

Eine weitere Limitierung ist in der Geschwindigkeit der Informationsverarbeitung und des strategischen Denkens festzustellen. Die Zeit, die ein erfahrener Schachexperte braucht, um bei einer einfachen Konstellation der Figuren zu analysieren, ob der König in Gefahr ist, liegt durchschnittlich bei 650 Millisekunden.[88] Ein erfahrener junger Trader ist in der Lage, innerhalb einer halben Sekunde eine Nachrichtenüberschrift zu verarbeiten und danach strategisch zu entscheiden.[89] Durch kognitives Training kann die Geschwindigkeit des strategischen Denkens verbessert werden, jedoch ist es biologisch nicht möglich, in einer signifikant kürzeren Zeitspanne zu agieren. Die Gesamtzeitspanne (t_G) in der kognitiven Handlung besteht aus der Wahrnehmung (t_P), Bestimmung der Reaktion (t_C) und der motorischen Ausführung (t_M) der Handlung.[90] Damit ergibt sich folgende Gleichung für die Gesamtzeit:

$$t_G = t_P + t_C + t_M$$

Ein Experiment, bei dem die Probanden eine beliebige Taste drücken sollten, sobald ein Signal auf einem Bildschirm erschien, erzielte Durchschnittswerte für die Geschwindigkeit der Wahrnehmung von 100 Millisekunden, wobei die Bestimmung der Reaktion und die motorische Ausführung jeweils 70 Millisekunden betrugen.[91] Dies führt zu einer Gesamtzeitspanne von 240 Millisekunden für die maximale Reaktionsfähigkeit. Eine Problematik der Gesamtzeitspanne ist die fehlende Möglichkeit, diesen Prozess durch den Einsatz mehrerer Individuen zu verkürzen. Da sich das strategische Denken und die Reaktionsfähigkeit nicht in kleinere Subprozesse zerlegen lassen, kann durch den Einsatz mehrerer Personen kein Geschwindigkeitsvorteil erzielt werden. Für Interaktion verwenden Menschen Kommunikationskanäle, welche im Vergleich zu elektronischen Impulsen zeitaufwendiger sind.

---

[87] Vgl. Giddings (2008), S. 34 nach Bray (2008).
[88] Vgl. Johnson et al. (2013), zu finden in Abbildung 3: "Empirical transition in size distribution for UEEs with duration above threshold τ, as function of τ."
[89] Vgl. Giddings (2008), S. 35 zitiert nach Duffy (2007).
[90] Vgl. Butz und Krüger (2014), S. 11.
[91] Vgl. Butz und Krüger (2014), S. 11. Es wird dabei explizit darauf hingewiesen, dass es sich bei den angegebenen Werten um Durchschnittswerte handelt und Abweichungen von Mensch zu Mensch auftreten.

Zusammenfassend lässt sich feststellen, dass der menschliche Organismus durch die biologische Limitierung stark eingeschränkt ist. Des Weiteren ist die Limitierung individuell verschieden und schwankend, sodass sie sich in einem zeitlich strukturierten Prozess nur bedingt einplanen lässt.

4.3 Vergleich

4.3.1 Geschwindigkeit

Der maschinelle Handel ist dem manuellen Handel in Hinsicht auf die Geschwindigkeit der Entscheidungsfindung überlegen. Um die Relevanz der Geschwindigkeit als Faktor einer erfolgreichen Handelsstrategie zu identifizieren, muss dies zunächst begründet werden. Zur Veranschaulichung wird als Beispiel der Kurs einer Aktie betrachtet, wobei ein Anteil zum Preis von 1 $ erworben werden kann. Nun fällt der Preis der Aktie schlagartig auf 0,50 $. Je schneller ich die Information über den Preissturz bekomme, desto schneller ergibt sich die Möglichkeit, Anteile zu diesem Preis zu erwerben. Um dies zu veranschaulichen, binden wir Händler A und Händler B in das Szenario ein. Händler A bekommt die Information des Kursfalls nach einer Sekunde, Händler B erhält sie nach fünf Sekunden. Händler A erwirbt binnen Sekunden so viele Anteile zum niedrigen Preis, dass die Nachfrage steigt und demzufolge auch der Aktienkurs. Als Händler B die Information des Kurssturzes bekommt, ist der reale Aktienkurs durch die Nachfrage von Händler A bereits wieder gestiegen. Dieses Szenario ist stark vereinfacht und nicht mit den Volumina und Geschwindigkeiten aktueller Börsen zu vergleichen. Jedoch veranschaulicht es, dass durch Geschwindigkeit ein signifikanter Wettbewerbsvorteil entstehen kann. Ein Geschwindigkeitsvorteil bewirkt das Wissen über Preise, bevor es andere Marktteilnehmer wahrnehmen können. Aus der Sicht der übrigen Marktteilnehmer bedeutet dies, dass dieses System die zukünftige Preisentwicklung kennt, bevor sie den Preis wahrnehmen können.

4.3.2 Wirtschaftlichkeit und Effizienz

Ein Prozess ist wirtschaftlich, wenn ein Handelsergebnis mit einem minimal erforderlichen Mitteleinsatz erzielt wird.[92] Um Handelssysteme mit manuellem Handel vergleichen zu können, ist zu untersuchen, welche Vorgehensweise eine höhere Rendite bei gleichen Aufwendungen erzielt.

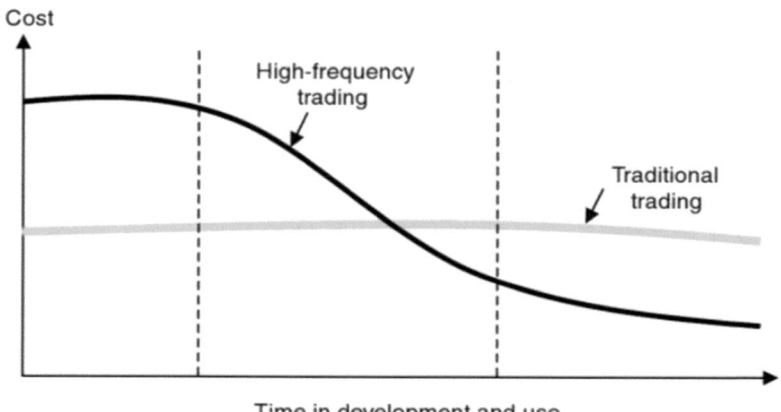

Abbildung 5 Die Ökonomie von Hochfrequenzhandelssystemen im Vergleich mit traditionellem Handel (Quelle: Aldridge (2009a), S. 28, Abbildung 3.3)

Handelssysteme sind bei der initialen Implementierung sehr kostenaufwendig (vgl. Abbildung 5). Speziell im HFT werden performante Software- und Hardwarekomponenten benötigt, um konkurrenzfähige Systeme zu erstellen. Diese hohe Investition muss anschließend mit einer profitablen Anlagestrategie refinanziert werden. Bei manuellem Handel ist das Investitionsrisiko somit geringer, da der Amortisierungszeitraum durch geringe Investitionskosten kleiner ist. Mit zunehmender Laufzeit sinken jedoch die Kosten für Handelssysteme, da die Betriebskosten geringer sind als bei traditionellem Handel (vgl. Abbildung 5). Es ist zu hinterfragen, ob eine Strategie für eine langfristige Überrendite implementiert und anschließend dauerhaft erfolgreich verwendet werden kann. Eine Studie von der Expertin in algorithmischen Handel, Irene Aldridge, ergab, dass systematische Anlagefonds auch in Krisenzeiten durchschnittlich besser abschnitten als nichtsystematische Anlagefonds.[93] Dieses Ergebnis kann auf die menschlichen Schwächen zurückgeführt werden, die aus der Verhaltenspsychologie resultieren (vgl. Kapitel 4.2.1). Des Weiteren ist die steigende Präsenz von algorithmischen Handelssystemen ein möglicher Ausdruck ihrer Rentabilität.

---

[92] Vgl. Eichhorn und Merk (2015), S. 27 f.
[93] Vgl. Aldridge (2009b).

Festzuhalten ist, dass eine Überrendite sowohl von maschinellen als auch von traditionellen Händlern erzielt werden kann. Das Investitionsrisiko bei der Verwendung von algorithmischen Handelssystemen ist im Vergleich zu manuellen Handelsstrategien größer. Die Betriebskosten sind bei einem Handelssystem geringer und daher unter der Annahme einer langfristigen Verwendungsmöglichkeit während der Nutzungszeit günstiger als traditioneller Handel.

4.3.3 Ethik und moralische Aspekte

Der Finanzmarkt ist aufgrund seiner Bedeutung ein entscheidender Faktor für Stabilität und Erfolg der weltweitenden Wirtschaft. Extreme Probleme in den Finanzmärkten haben das Potenzial, sich zu weltweiten wirtschaftlichen und damit auch zu politischen Krisen auszuweiten. Ein Beispiel hierfür ist die Finanzkrise 2008. Der verdeckte Handel mit Immobilienkrediten aus den USA bewirkte eine Spekulationsblase, die, als sie platzte, der Weltwirtschaft in hohem Maße schadete. Dies hatte negative Auswirkungen auf alle börsengelisteten Unternehmen und die globale Geldpolitik. Wegen der hohen Verantwortung des Finanzmarktes für die Gesellschaft muss der algorithmische Handel auch aus ethischen und moralischen Gesichtspunkten betrachtet werden. Auf dem Finanzmarkt befinden sich Produkte, die sich direkt auf die Realwirtschaft auswirken. Dies wären zum Beispiel Rohstoff Futures, die den zukünftigen Preis von Rohstoffen abbilden, aber auch Wechselkurse, die den internationalen Handel beeinflussen. Bei einem voll automatisierten Handel würden die Preise der Rohstoffe und Wechselkurse von maschinellen Systemen bestimmt werden. Daraus ergibt sich die ethische Frage, ob Maschinen diese gesellschaftliche Verantwortung übertragen werden sollte. Da Algorithmen nicht über Ethik und Moral verfügen, ist es nicht möglich, ihnen einen Rahmen für diese Sachverhalte zu diktieren. Dies würde gegen eine Vollautomatisierung der Handelsentscheidung sprechen. Ein Gegenargument ist jedoch, dass die Festlegung von Rohstoffpreisen durch den Finanzmarkt insgesamt fragwürdig ist. Danach ist der Händler nur ausführende Kraft in einem unmoralisch konzeptionierten System. Wenn jeder Händler seine Strategie nach maximaler Rendite richtet, ist demnach nicht relevant, ob die Handlung vom Menschen oder maschinell ausgeführt wird.

Aus ethischer Sicht ist prinzipiell nicht relevant, ob eine Handelsentscheidung maschinell oder manuell getroffen wird. Aufgrund der beschriebenen Auswirkungen des Finanzmarktes auf die Wirtschaft ist ein Kontrollverlust durch eine Vollautomatisierung des Handelsgeschehens nachteilig für die globale Ökonomie.

4.3.4 Regulatorik und Recht

Die rechtlichen Grundlagen der Finanzmärkte sind nationsgebunden und nur schwer zu verallgemeinern. Um Problematiken der Finanzwelt zu beheben, versuchen Banken und Aufsichtsbehörden durch regulatorische Bestimmungen, den Handel national chancengleich zu organisieren. Eine Regulierung setzt voraus, dass der Gegenstand, der reguliert werden soll, klar identifiziert und abgegrenzt werden kann. Ohne eine konkrete Abgrenzung gibt es keine Möglichkeit, Sachverhalte, die gegen regulatorische Richtlinien verstoßen, als solche zu klassifizieren. Da das Ökosystem des algorithmischen Handels aufgrund der bereits erläuterten Eigenschaften kurzlebig und dynamisch ist, können nur schwer langfristige Regularien festgelegt werden, welche die aktuellen Probleme in einem signifikanten Maß verbessern. Des Weiteren bedarf es für rechtliche Maßnahmen fundierter Analysen. Angesichts der Zeit, die benötigt wird, diese anzufertigen und auszuwerten, besteht ein Risiko, dass ein Markt reguliert wird, der aktuell nicht mehr existent ist. Um die Regulatorik wirksam an den aktuellen Markt heranzuführen, muss der Prozess von der Problemerkennung bis zur Regulierung verkürzt werden. Hierzu würden sich Algorithmen zur Marktanalyse und Gefahrenerkennung eignen. Jedoch stehen diese in Interaktion mit tiefen Hierarchien und langen Regulierungsprozessen auf Ebene der nationalen Regulierungsbehörden und Gesetzgebung.

Allgemein lässt sich festhalten, dass Schwierigkeiten bei der Regulierung von automatisierten Handelssystemen aufgrund ihrer Komplexität und Dynamik auftreten. Dies erhöht die Chancen von systematischem Betrug an den Handelsplätzen.

4.3.5 Fazit des Vergleichs

Schlussendlich lässt sich feststellen, dass im Finanzmarkt sowohl Szenarien auftreten, in denen menschliche Fähigkeiten von Vorteil sind, als auch solche, in denen maschinelle Eigenschaften günstiger sind. Demnach erfordert ein optimales System am Finanzmarkt die Zusammenarbeit beider Komponenten. Im nächsten Kapitel wird daher skizziert, wie diese beiden Komponenten sich innerhalb der Entscheidungsfindung optimal unterstützen können, sodass Vorteile die gegenseitigen Nachteile in einem optimalen Maß aufwiegen. Mit den bereits beschriebenen Eigenschaften beider Systematiken wird nun der Prozess der Entscheidungsfindung analysiert und auf eine mögliche Ausführung von Mensch oder Informationssystem hin untersucht. Dabei werden Ausblicke gegeben, wie eine Umsetzung der Zusammenarbeit exemplarisch verwirklicht werden kann.

5 Prozess der Handelsentscheidung

5.1 Prozessmodellierung

Um festzustellen, wie der Prozess der Handelsentscheidungsfindung am Finanzmarkt optimiert werden kann, muss dieser Prozess zunächst definiert werden. Wie in Kapitel 2.2 erläutert, wird der Preis von Finanzprodukten direkt oder indirekt von Angebot und Nachfrage bestimmt. Das Verhältnis Angebot und Nachfrage hängt von Ereignissen der Umwelt ab. Ohne Ereignisse am Finanzmarkt explizit zu definieren, wird vorausgesetzt, dass jedes relevante Ereignis Daten erzeugt. Dies ist der Hypothese geschuldet, dass Ereignisse, die keine Daten erzeugen, nicht von den Händlern wahrgenommen werden können. Damit haben diese keinen Einfluss auf Handelsentscheidungen und können nicht als relevant eingestuft werden. Resultierende Daten aus Marktereignissen werden mittels Kommunikationskanälen publiziert. Kommunikationskanäle im Rahmen des Finanzmarktes sind beispielsweise öffentliche Nachrichtensender, Unternehmenswebseiten oder institutionelle Informationsprovider. Um aktuelle Handelsentscheidungen zu treffen, werten Investoren aktuelle und historische Ereignisse aus. Schlussendlich soll eine Interpretation dieser Daten erfolgen, die Aufschluss über die Entwicklung eines Finanzobjektes im Finanzmarkt geben soll. Diese Interpretation ist die Grundlage für eine Handelsentscheidung und damit für den Kauf oder Verkauf eines konkreten Finanzproduktes.

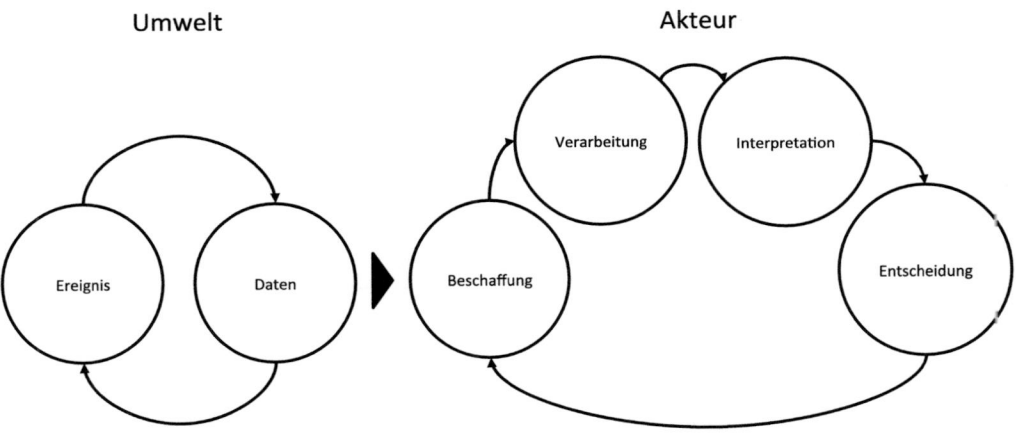

Abbildung 6 Prozess der Interaktion von Akteuren mit der Umwelt des Finanzmarktes (Quelle: Eigene Darstellung)

Wie in Abbildung 6 illustriert, besteht der grundlegende Prozess der Entscheidungsfindung aus der Interaktion zwischen Umwelt und Akteur. In der Fachliteratur ist bereits ein ähnliches Konzept zu finden, in dem der Prozess in Informationsbeschaffung, Informationsverarbeitung und Informationsbewertung gegliedert wird.[94] Darin wird weder der Bezug zwischen Akteur und Umwelt abgebildet noch die Entstehung der Handelsentscheidung aufgezeigt. Ein Prozessschritt für die Transaktion und den Erwerb bestimmter Finanzprodukte ist, wie in Kapitel 2 beschrieben, nicht Teil der Arbeit und wurde daher nicht in dem Modell abgebildet. Der erste Prozessschritt besteht aus der Beschaffung von Daten der Umwelt des Finanzmarktes. Danach erfolgt eine Verarbeitung der gewonnenen Daten. Dies bedeutet, dass eine Filterung der Daten vorgenommen wird, zum Beispiel durch Attribute wie Qualität und Informationsgehalt. Die Verarbeitung beinhaltet weiterhin die Aggregation von Daten. Bei Textdaten, etwa aus langen Marktberichten, werden mit Methoden der Klassifizierung oder des Natural Language Processing relevante Aussagen extrahiert, und das grundlegende Sentiment wird herausgearbeitet. Bei numerischen Werten erfolgt diese Aggregation durch das Berechnen von Kennzahlen oder die Anwendung statistischer Methodiken wie der arithmetische Durchschnitt oder die Berechnung von Quantilen. Diese Methodiken geben einen Überblick über komplexe Datenmengen. Kennzahlen wie das Verhältnis zwischen Kurs und Gewinn oder die Eigenkapitalquote geben Aufschluss über die finanzwirtschaftlichen Eigenschaften des Basiswertes. Nachfolgend werden die verarbeiteten Daten interpretiert, um aus ihnen Informationen und Wissen zu extrahieren. Anhand der Interpretation des Akteurs ergibt sich eine Informationsbasis, aufgrund derer eine Prognose auf die Preisentwicklung des betrachteten Basiswertes abgeleitet werden kann. Besitzt der Akteur eine Prognose, werden in der Phase der Entscheidung Handlungsalternativen erstellt. Bei der anschließenden Selektion einer Handlungsalternative wird die Entscheidung getroffen, ob und wie eine Investition in den betrachteten Wert getätigt wird. Um eine weitere Handelsentscheidung zu treffen oder bereits ausgeführte Aufträge zu beobachten, beginnt der Prozess mit der Beschaffung von Informationen von Neuem.

Um den Ablauf zu verdeutlichen, wird dieser nun an einem Beispiel erläutert. Die Deutsche Bank AG ist eine Aktiengesellschaft, die Unternehmensanteile zum öffentlichen Handel bereitstellt und damit am Geschehen im Kapitalmarkt aktiv teilnimmt. Das Unternehmen kündigte an, organisatorische Veränderungen wie die Umstrukturierung von Geschäftsbereichen sowie den Abbau von Mitarbeitern vorzunehmen.[95] Laut § 15 Absatz 1 WpHG stellt dies eine Information dar, die den Kurs der Unternehmensaktien beeinflussen kann, weshalb die Nachricht zeitnah veröffentlicht wurde. Zum Zeitpunkt der Veröffentlichung wird angenommen, dass ein fiktiver

---

[94] Vgl. Bortenlänger (2013), S. 61 ff.
[95] Vgl. DGAP News-Service (2015).

Investor diese Nachricht im Rahmen der Informationsbeschaffung aufnimmt. Die Beschaffung besteht in diesem Fall aus dem Aufrufen der Finanzwebseite. Der Prozess der Verarbeitung besteht darin, dass der Text der Nachricht aufgenommen wird und dessen Kerninformationen abstrahiert werden. In der Phase der Interpretation wird die Umstrukturierung der Deutschen Bank gewertet und die Auswirkung auf die Wertentwicklung von Aktien der Deutschen Bank prognostiziert. Bezogen auf das Fallbeispiel ist eine mögliche Prognose in Bezug auf die organisatorischen Änderungen eine Erholung des Kurswertes durch die betriebswirtschaftlichen Anpassungen. Basierend auf dieser Prognose werden Handlungsalternativen abgeleitet. Im Fallbeispiel ist dies eine positive oder negative Kaufentscheidung über den Erwerb von Aktien der Deutschen Bank. Nachfolgend wird eine der Alternativen selektiert und dementsprechend gehandelt.

Nachdem der operative Prozess der Handelsentscheidungen abgebildet und erläutert wurde, ist zu untersuchen, welche Faktoren diesen Prozess beeinflussen. Ein Akteur hat individuelle Ziele, wenn er am Finanzmarkt agiert. Um diese Ziele zu erreichen, bedienen sich Akteure einer Investitionsstrategie. Die Strategie beeinflusst den gesamten operativen Prozess der Handelsentscheidung, da sie über die Auswahl von Informationen, deren Verarbeitung und weitere Interpretation Aufschluss gibt. Der strategische Gegenstand kann dabei öffentlich bekannt oder privat entworfen sein. Er kann sich innerhalb geringer Zeitspannen ändern oder über mehrere Quartale konstant bleiben. Festzuhalten ist, dass es immer einen strategischen Gegenstand gibt, der die Handelsentscheidung beeinflusst. Die Annahme liegt nahe, dass nicht alle Akteure am Finanzmarkt über eine Strategie verfügen. Eine Strategie beschreibt in diesem Zusammenhang das systematische Fällen von Handelsentscheidungen. Trifft ein Akteur seine Handelsentscheidung nicht systematisch, so handelt er willkürlich. Dieser Sachverhalt ist in der Praxis möglich, jedoch kann ein willkürlicher Handel nicht durch eine optimale Zusammenarbeit von Mensch und Maschine unterstützt werden, weshalb diese Arbeit sich nur mit Akteuren beschäftigt, die ihre Handelsentscheidungen systematisch auf Basis einer Strategie treffen. Da der Zusammenhang von systematischem Handeln und einer Strategie erläutert wurde, ist zu untersuchen, wie sich eine Strategie auf die einzelnen Elemente des operativen Entscheidungsprozesses auswirkt.

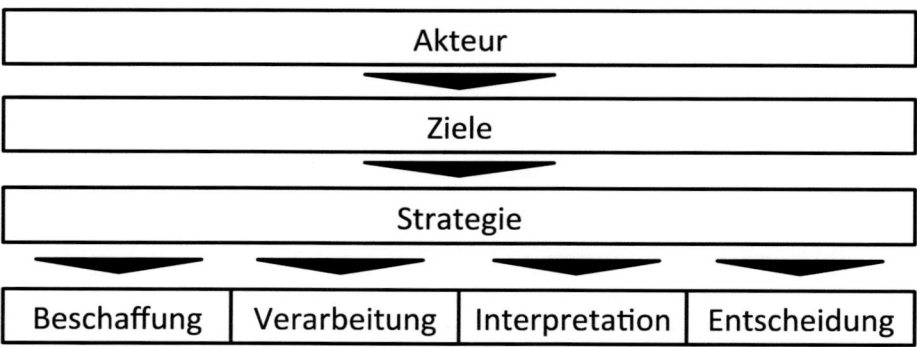

Abbildung 7   Rolle der Strategie im Prozess der Handelsentscheidung (Quelle: Eigene Darstellung)

Im Rahmen der Beschaffung wird festgelegt, welche Informationsquellen benutzt und welche Daten daraus gewonnen werden. Eine Strategie, die auf Basis einer Sentimentanalyse von Social-Media-Daten konstruiert wurde, benötigt Daten aus Social-Media-Plattformen und keine fundamentalen Unternehmenskennzahlen. Eine Strategie bedeutet, mit der Auswahl von Informationsquellen ein bestimmtes Dogma zu verwirklichen, in dessen Rahmen darauf geachtet wird, dass die ausgewählten Informationen mit der wertemäßigen Entwicklung des beobachteten Finanzobjekts korrelieren. Im Zuge der Verarbeitung werden durch die Strategie Methoden impliziert, welche für die Aufbereitung und Aggregation der Daten notwendig sind. Innerhalb der Interpretation gibt die Strategie Aufschluss, wie aufbereitete Daten gedeutet und verstanden werden. Daraus folgt, dass der gleiche Datensatz mit der gleichen Information nur aufgrund der Strategie unterschiedlich interpretiert werden kann. So kann ein Kurssturz in der Interpretation einer Strategie ein Indikator für eine folgende Gegenbewegung sein und in einer konträren Strategie der Indikator für eine tiefere Abwärtsbewegung des Kurspreises. Der Prozessschritt der Entscheidung beinhaltet die Entwicklung von Alternativen und das Treffen einer Handelsentscheidung. Ein strategisches Modell hat hierbei Einfluss auf die Entwicklung der Handlungsalternativen. Welche konkreten Alternativen existieren, um gemäß der gegebenen Informationslage zu handeln, ist situativ abhängig und kann nicht in einer allgemeingültigen Strategie verankert werden. Gegensätzlich ist es möglich, Finanzprodukte innerhalb der Handlungsalternativen im Vorhinein aufgrund ihres Risikos oder ihrer Wirkungsweisen auszuschließen. Die Auswirkungen einer Strategie auf die Entwicklung von Alternativen variieren demnach.

Aus dieser Aufgliederung ergeben sich zwei Ebenen der Entscheidungsfindung. Die operative Ebene besteht aus dem konkreten Treffen der Handelsentscheidung (vgl.

Abbildung 6). Die konzeptionelle Ebene beschreibt die Entwicklung von Handlungs-modellen (vgl. Abbildung 7). Basierend auf der Annahme, dass eine Handelsent-scheidung in der operativen Ebene getroffen wird, ist der Prozess in der operativen Ebene zu untersuchen.

5.2 Prozessoptimierung

5.2.1 Beschaffung

Im ersten Prozessschritt werden Daten aus Informationsquellen beschafft. Um die Datenbeschaffung durch informationstechnologische Systeme zu unterstützen, muss die Prämisse gegeben sein, dass die Informationsquellen digitale Daten produzieren bzw. solche, die sich digitalisieren lassen. Externe Informationsquellen, wie bei-spielsweise von der Firma Bloomberg L.P. oder Reuters Group plc bereitgestellt, produzieren digitale Daten, die an Informationssysteme angebunden werden können. Auch im Internet befindliche Portale oder statische Webseiten, die lediglich Sachver-halte darstellen, können mit dem Einsatz von Web-Mining zur Datenbeschaffung herangezogen werden. Des Weiteren sind Basiswerte wie Aktienpreise, Währungs-kurse oder Rohstoffpreise in digitaler Form verfügbar. Aufgrund der hohen Technolo-gisierung des Finanzmarktes sind alle entscheidungsrelevanten Daten in digitaler Form zu finden und können somit systematisch beschafft werden. Die maschinelle Beschaffung der Daten bietet den Vorteil, dass verschiedene Informationsquellen parallel beobachtet werden können. Wie vorteilhaft das ist, lässt sich am Beispiel kurzfristiger Preisänderungen von Aktien erklären. Es wird angenommen, dass eine Handelsstrategie S_1 besagt: Wenn der Aktienpreis in 10 Sekunden um 0,5 Prozent fällt, ist dies ein Indikator für eine kommende Gegenbewegung. Bei der manuellen Datenbeschaffung müssen Aktien binnen 10 Sekunden auf die Erfüllung der strategi-schen Richtlinien aus Strategie S_1 untersucht werden. Dies kann manuell nur für eine vergleichsweise geringe Anzahl an Aktien und über einen längeren Zeitraum prakti-ziert werden. Die automatisierte Datenbeschaffung kann durch Parallelisierung eine unbegrenzte Anzahl an Aktienwerten beobachten, wobei die Geschwindigkeit der Auswertung nur auf die verwendeten Hardware- und Softwarekomponenten begrenzt ist. Daraus folgt, dass besonders bei einer hohen Anzahl an hochfrequentierten Informationsquellen ein hoher Automatisierungsgrad am effizientesten ist. Die Vorteile der manuellen Datenbeschaffung sind in dieser Hinsicht begrenzt. Ein negativer Faktor bei der informationstechnischen Datenbeschaffung ist der Initialauf-wand. Informationsquellen müssen in bestehende Informationssysteme eingebunden und das Datenformat entsprechend angepasst werden. Unter der Hypothese, dass es wechselnde Informationsquellen gibt, die alle einen separaten Initialaufwand verursachen, wäre eine Automatisierung der Beschaffung weniger effizient. In Bezug zum Finanzmarkt ist dies nicht der Fall. Die überwiegende Menge an Informationen kann von bereits genannten verschiedenen Informationsprovidern erhalten werden.

Eine weitere Herausforderung innerhalb der automatisierten Beschaffung von Daten ist die Organisation der Datenströme. Für eine strukturierte Verarbeitung in den folgenden Prozessschritten ist es von Vorteil, wenn auch die Datenbasis strukturiert vorliegt. Dies kann beispielsweise mit Einteilung in Informationsklassen erreicht werden. Im Aktienhandel sind typische Datenklassen Fundamentaldaten (Bilanzen und Geschäftsberichte), technische Daten (Preise und statistische Indikatoren) und Nachrichten (Ad-hoc-Meldungen und Marktberichte). Die Klassifizierung erleichtert die spätere Verwertung und die Pflege der Datenbestände.

Schlussendlich lässt sich festhalten, dass innerhalb der Datenbeschaffung die Eigenschaften von technischen Systemen positiv sind. Die manuelle Beschaffung von Daten im Finanzmarkt ist im Vergleich mit den Möglichkeiten der Informationssysteme zu stark determiniert. Im Kontext der Beschaffung bestehen Barrieren in der Anbindung und Klassifizierung der Informationsquellen.

5.2.2 Verarbeitung

Innerhalb der Datenverarbeitung wird aus den Rohdaten ein Fundament an aggregierten Daten zusammengestellt, das als Basis für eine Handelsentscheidung dient. Die Aggregation bedeutet die Verdichtung von relevanten Datensätzen. Dies impliziert, dass irrelevante Daten nicht in der späteren Ergebnismenge inkludiert sind. Strategische Richtlinien und finanzwirtschaftliche Dogmen geben, wie bereits erwähnt, Aufschluss über die Relevanz von Informationen. Daten, die auf technischer Ebene beschädigt sind, verlieren ihren Informationsgehalt und werden ausgefiltert. Die Prüfung auf technische Validität ist optimalerweise maschinell durchzuführen, da dies schneller ist und eine geringere Fehlerquote aufweist. Nachdem die Datenmenge ausschließlich technisch valide Daten enthält, können diese gefiltert und aggregiert werden.

Da sich eine Anlage über eine Zeitspanne erstreckt, ist der Parameter Zeit auch bei den Daten elementar, um den Kontext zu erhalten. Um beispielsweise Aussagen über die Entwicklung des Euros zu treffen, können Preisdaten ohne einen Zeitstempel nicht interpretiert werden. Demnach müssen alle beschafften Daten einen zeitlichen Kontext besitzen. Weiterhin ist festzustellen, dass die ausschlaggebenden Daten wie Preise, Nachrichten oder Fundamentaldaten immer in numerischen oder textuellen Formaten publiziert werden. Der Prozessschritt der Verarbeitung lässt sich daher unterteilen in die Verarbeitung von Textdaten und numerischen Daten.

Numerische Finanzdaten werden grundsätzlich mithilfe statistischer oder finanzmathematischer Methoden aggregiert. Diese basieren auf mathematischen Berechnungen, die von Computern vollständig übernommen werden können. Besonders aufgrund der im Finanzbereich herrschenden großen Datenbasis und der dadurch benötigten Rechenleistung bringt die maschinelle Verarbeitung zeitliche und qualitative Vorteile.

Textdaten sind aufgrund ihrer Syntax und Semantik schwerer zu aggregieren als numerische Werte. Am Finanzmarkt stellen Marktberichte, Nachrichten oder Regulierungsrichtlinien Beispiele für Textdaten dar. Texte sind in der Lage, Emotionen des Autors abzubilden. Diese aus einem Text fehlerfrei zu extrahieren, ist gegenwärtiger Forschungsstand.[96] Ansätze der Sentiment-Analyse versuchen anhand von statistischen Verfahren zu bestimmen, ob ein bestimmter Text positiv oder negativ behaftet ist. Sprachliche Phänomene wie Ironie und exotische Verneinungen sind dabei Barrieren, die eine programmatische Auswertung erschweren.

Da die Methodiken der Verarbeitung von Texten auf statistische Modelle zurückzuführen sind, erhöht sich ihre Exaktheit mit der Vergrößerung der Datenmenge. Bei geringer Datenbasis oder unbekannten Zielwörtern gestaltet sich eine Identifikation schwierig. Durch Wortneuschöpfungen in der Gesellschaft entstehen Wortgebilde, welche erst durch den aktuellen Kontext Bedeutung bekommen. Ein Beispiel hierfür ist die Neuordnung des Eisenbahnknotens in Stuttgart. Die Problematik bekam durch das Medieninteresse den Eigennamen „Stuttgart 21" zugeordnet.[97] Die Komplexität von sprachlichen Elementen könnte zu der Hypothese verleiten, dass die Deutung von Texten durch Menschen vorteilig gegenüber der maschinellen Verarbeitung ist. Dies würde jedoch voraussetzen, dass die beschriebene Emotionsdichte und die sprachlichen Ausnahmen in den Textdaten des Finanzmarktes enthalten sind. Besonders Ad-hoc-Nachrichten, gesetzlich im deutschen Wertpapierhandelsgesetz determiniert, sind zu einem hohen Grad faktisch und besitzen wenig Emotionsgehalt. Die Analyse dieser Nachrichten kann daher zeitnah und präzise von

---

[96] Vgl. Atkinson (2007), S. 144-168.
[97] Vgl. Deutsche Presse-Agentur (2008).

automatisierten Handelssystemen übernommen werden. Bei aktuellen Meldungen hat die maschinelle Verarbeitung den Vorteil der Geschwindigkeit, um Textnachrichten zu analysieren und Handelsentscheidungen abzuleiten. Bei umfangreichen Marktberichten oder der detaillierten Betrachtung mehrerer Texte ist die menschliche Auffassungsgabe zum heutigen Stand der Forschung vorteilig.

Die allgemeine Datenverarbeitung bietet nach der obigen Argumentationskette, wenig Barrieren für eine Automatisierung. Besonders in der Verarbeitung numerischer Daten sind maschinelle Berechnungen präzise und performant. Auch die algorithmische Verarbeitung von Textdaten kann durch Klassifizierung und Aspekt-Extraktion eine unterstützende Basis bilden. Bei der Analyse von komplexen Textstrukturen mit hohem journalistischen Anteil sind heutige Systeme der Textanalyse in ihrer Exaktheit begrenzt. Durch das Verständnis von Subtext und die Identifikation von sprachlichen Mitteln ist es manuellen Händlern möglich, Informationen zu extrahieren, die nicht maschinell identifiziert werden können. Dies führt zu dem Schluss, dass Informationssysteme den Großteil der Verarbeitung übernehmen können.

5.2.3   Interpretation

Die Aggregation der Daten ergibt eine Menge an komprimierten Informationen. Durch das Vernetzen dieser Informationen können neue Handelsideen und Entscheidungen abgeleitet werden. Wie bereits erläutert, wird die Interpretation hauptsächlich durch die Anwendung von Handelsstrategien oder Finanzdogmen festgelegt, die innerhalb der Strategie beschrieben sind.[98] Wenn dieser Prozessschritt voll automatisiert wird, muss die Strategie in Hinsicht auf die Interpretation im Vorhinein technisch implementiert werden. Des Weiteren müssen Bedingungen definiert werden, die über die Auswahl der späteren Handlungsalternativen entscheiden. Sind mehrere Bedingungen miteinander vernetzt, nimmt die Komplexität des Handelssystems entsprechend zu. Der beschriebene Handel funktioniert demnach nur in Märkten, die sich auch mit einer hohen Anzahl dieser Bedingungen beschreiben lassen und dauerhaft das abgebildete Muster befolgen. Für dynamische Märkte mit wenig nachweisbaren Mustern und Korrelationen ist die Formulierung dieser Bedingungen nicht möglich. Je langfristiger die Handlungstätigkeit am Markt betrachtet wird, desto höher ist auch die Wahrscheinlichkeit, dass sich fundamentale Einflussfaktoren am Markt ändern.

---

[98] Vgl. Kapitel 5.1.

Durch die menschliche Fähigkeit, Informationen stetig neu zu verknüpfen und daraus neue Ideen zu generieren, kann auch in dynamischen und langfristigen Märkten agiert werden. Um die maschinellen Datenaggregate aus den vorgelagerten Prozessschritten zu nutzen, ist die Schnittstelle zwischen Mensch und Maschine zu untersuchen.

Die Darstellung der Informationen ist essenziell für eine Kommunikation zwischen Mensch und Maschine. Um eine Informationsflut zu vermeiden, ohne relevante Informationen auszufiltern, ist zu untersuchen, wie der Informationsbedarf der Nutzer festgestellt werden kann. Dies stellt eine Herausforderung dar, da jeder Händler unterschiedliche Ziele und Strategien verfolgt.

Eine Variante, den Nutzer zu identifizieren, wäre die gezielte Befragung im Hinblick auf seine Kenntnisse und Kapitallage, mit deren Hilfe die für ihn relevanten Informationen erstellt werden. Ein wichtiges Attribut, das zuerst abgefragt werden sollte, ist die Erfahrung. Ist die Erfahrung eines Anlegers gering, ergibt beispielsweise die Beantwortung zu Fragen über den Anlagehorizont keine präzise Antwort. Erfahrenen Anlegern können demnach präzisere Fragen gestellt werden, um somit eine bessere Aussage über den individuellen Informationsbedarf abzuleiten.

Attribut	Ausprägung
Erfahrung in Jahren	0, 1, 2, 3, …
Anlagevolumen	<1.000 $, 1.000-5.000 $, …
Risikobereitschaft für x% Verlust des Kapitals	10 %, 20 %, 30 %, …
Politische Grundkenntnisse	0-5
Rohstoff-Grundkenntnisse	0-5
Betriebswirtschaftliche Grundkenntnisse	0-5
Anlagehorizont	1 h, 1 d, 1 w, 1 m, 1 y, 5 y
Handelsaktivitäten	Aktiv / Passiv
Zielländer	Gobal, GER, USA, ENG, …

Tabelle 1   Entwurf für die Kriterien zur Befragung im Rahmen der Nutzeridentifikation (Quelle: Eigene Darstellung)

In Tabelle 1 wird eine Listung möglicher Kriterien zur Identifizierung von Nutzern getroffen. Die Informationen, die im Rahmen der Befragung gewonnen werden, dieren zur Ermittlung einer Strategie, welche die Ziele eines Nutzers optimal ausfüllt und seine Kenntnisse gleichermaßen berücksichtigt. Diese Strukturen müssen vordefiniert werden und sind im Kontext der Tabelle nicht enthalten.

Wird vorausgesetzt, dass jeder Nutzer seine Strategie kennt, kann eine Nutzeridentifikation übersprungen und eine Auswahl an Strategien angeboten werden. Der Nutzer kann demnach eine Strategie auswählen und erhält die dazu benötigten Informationen. Beide Vorgehensmodelle zielen darauf ab, den Informationsbedarf des Händlers zu ermitteln, um Richtlinien für die Auswahl von Informationsquellen und die anschließende Verarbeitung zu schaffen. Werden die führenden deutschen Finanzportale Finanzen.net, Onvista und Wallstreet-Online betrachtet, lässt sich erkennen, dass keine Nutzeridentifikation in diesem Sinne vorgenommen wird.[99] Dies bedeutet, dass in diesem Bereich noch Optimierungspotenzial für bessere Kommunikationssysteme besteht.

Eine weitere Möglichkeit besteht darin, die Informationsklassen zu schachteln und so zu analysieren, welche Bereiche vom Nutzer häufig ausgewählt werden. Folglich können Informationsblöcke, die vom Nutzer übersprungen werden und somit für ihn nicht relevant sind, ausgeblendet werden. Das Maß an Erfahrung im Anlagebereich sollte in jedem Falle berücksichtigt werden, da die Aufnahmefähigkeit von Experten höher ist als bei Anfängern.[100] Dies hat Auswirkungen auf die Darstellungstiefe der Daten in der späteren Präsentation. Beispielsweise könnte bei der Bewertung von Aktien eine vollständige Bilanz nach dem Handelsgesetzbuch einen Anfänger in der Entscheidungsfindung überfordern, während grundsätzliche Kennzahlen zielführender wären. Einem Experten wäre die Darstellung von wenigen Kennzahlen eventuell zu oberflächlich, er würde daher die Informationen aus der Bilanz zur Entscheidungsfindung bevorzugen. Der Umfang der angezeigten Informationen unterscheidet sich aufgrund der unterschiedlichen Aufnahmefähigkeit. Dies bedeutet nicht, dass beide Investoren zwangsläufig zu unterschiedlichen Ergebnissen kommen. Es wird nur der unterschiedliche Informationsbedarf befriedigt.

Um die visuelle Wahrnehmung optimal zu unterstützen, ist weiterhin die Anwendung grafischer Elemente in der Gestaltung der Oberfläche zu betrachten. In aktuellen Anwendungssystemen der Finanzwirtschaft ist die Darstellung von Indexwerten oder

---

[99] Vgl. Statista GmbH (2014). Die Statistik beschreibt die Nettoreichweiten (in Prozent der Unique User) der führenden Finanz-Webseiten in Deutschland, wobei Finanzen.net, Onvista und Wallstreet-Online die drei führenden Portale in Deutschland sind.

[100] Vgl. Johnson et al. (2013) zu finden in Abbildung 3: "Empirical transition in size distribution for UEEs with duration above threshold τ, as function of τ."

Kennzahlen auf die reine Darstellung der Zahl begrenzt.[101] Dies erhöht die Genauigkeit beim Analysieren und Vergleichen mit anderen Werten, jedoch mindert es die Benutzerfreundlichkeit, da lediglich eine Menge Zahlen und Abkürzungen dargestellt werden. Es ist zu hinterfragen, inwiefern die Genauigkeit der Zahlen Händler in ihrer Handelsentscheidung beeinflusst. Dadurch entsteht die Illusion einer präzisen Einschätzung des Sachverhalts, und dies gibt Händlern innerhalb der Entscheidungsfindung die Illusion von Sicherheit. Die Annahme ist dabei, dass Anleger Zahlen kennen und die Genauigkeit der Nachkommastellen auf die Genauigkeit der Aussage übertragen. Eine mögliche Lösung wäre eine Kombination grafischer Elemente mit der Darstellungsform in Zahlen.

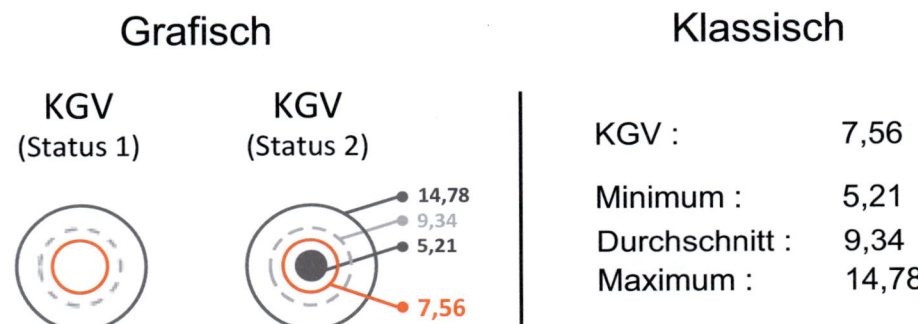

Abbildung 8   Entwurf zur grafischen Darstellung von numerischen Werten mit dem Vergleich des Ursprungswertes am Beispiel des Kurs-Gewinn-Verhältnisses (Quelle: Eigene Darstellung)

Eine Übersichtsebene stellt die Beziehungen zu anderen Werten dar und erleichtert somit die Einordnung des Wertes.[102] Benötigt der Nutzer den genauen Wert, könnte dieser durch eine bestimmte Nutzeraktion angezeigt werden.[103] Dies würde die Vorteile beider Darstellungsformen optimal vereinen. Durch Farbvariationen kann die Beziehung zwischen Elementen dargestellt oder die Abgrenzung durch Hervorhebung erzielt werden.

Wie in Kapitel 3.1.2 beschrieben, ist der Kontext der Daten entscheidend für den Informationsgehalt. In diesem Zusammenhang ist eine erklärende Funktion der Bezeichnungen für unerfahrene Nutzer sinnvoll, da eine große Menge an Kennzah-

---

[101] Bezogen auf die drei führenden Portale nach Statista GmbH (2014).
[102] Vgl. Abbildung 8 in der Spalte "Grafisch" unter dem Punkt KGV (Status 1).
[103] Vgl. Abbildung 8 in der Spalte "Grafisch" unter dem Punkt KGV (Status 2).

len Verständnisprobleme verursacht. Des Weiteren sollte die Präsentation Wert auf die Vernetzung von Information durch Darstellung legen.[104]

Im Rahmen der Interpretation wurde erarbeitet, dass die Flexibilität des menschlichen Denkens in dieser Phase vorteilig ist. Um die maschinellen Vorteile aus den vorgeschalteten Prozessschritten zu verwenden, ist eine Schnittstelle zu definieren, die eine möglichst barrierefreie Verwendung bietet. Barrieren entstehen durch eine Informationsflut, die durch Nutzeridentifikation und dynamische Darstellungselemente minimiert werden kann.

5.2.4 Entscheidung

Der Prozessschritt der Entscheidung beinhaltet den Entwurf von Handlungsalternativen und die anschließende Selektion. Begründet wird dies durch den vorgelagerten Prozessschritt der Interpretation. Bei einer automatisierten Bearbeitung müssen die Handlungsalternativen vordefiniert oder ein Modell deklariert werden, welches diese Alternativen systematisch ermitteln kann. Dies impliziert, dass keine Alternativen außerhalb dieses vordefinierten Spektrums genutzt werden können. Eine Optimierung dieses Systems kann vorgenommen werden, indem anhand von implementierten Strategien Alternativen zur Auswahl gegeben werden, wobei der Händler manuell entscheiden kann, ob er eine Alternative aus dieser Menge auswählt oder eine neue Alternative ableitet. Um diese Hypothese zu verdeutlichen, wird angenommen, dass innerhalb eines Handelsprozesses Daten zum Preis von Öl beschafft, verarbeitet und interpretiert worden sind. Die Interpretation ergab, dass der Ölpreis in der Zukunft sinken wird. Danach werden innerhalb des Prozessschrittes der Entscheidung Handlungsalternativen entworfen und eine Alternative selektiert. Mögliche Handlungsalternativen wären demnach:

- Kauf von Öl-Futures[105]

- Kein Kauf

---

[104] Vgl. Kapitel 3.1.2. Erläuterung der Abhängigkeit zwischen Information und Wissen durch Vernetzung.

[105] Futures (auch Terminkontrakte) erlauben die Spekulation auf die Preisentwicklung eines Basiswertes in der Zukunft. Bei einem Öl-Future besteht der Basiswert aus dem Preis von Öl.

Dies sind in diesem Fall naheliegende Alternativen, zwischen denen ein Handelssystem entscheiden kann. Neben den genannten Alternativen existieren allerdings auch weitere wie beispielsweise:

- Kauf von Unternehmensaktien in der Ölindustrie

- Kauf von ETF's[106] mit einem Portfolio aus Ölwerten

- Kauf von Zertifikaten[107] auf Indexwerte von Ölnationen

Die beschriebenen Handlungsalternativen sind indirekt mit dem Preis von Öl verbunden und wären damit auch Möglichkeiten, die vorherige Interpretation zu monetarisieren. Diese Alternativen zu identifizieren, benötigt Wissen über die wirtschaftlichen Zusammenhänge am Finanzmarkt. Da diese aufgrund ihrer Komplexität nicht vollständig in einem technischen Modell abgebildet werden können, ist eine Flexibilität durch eine manuelle Entscheidung vorteilhaft. Dieser Vorgang benötigt zeitlich mehr Aufwand, weshalb dieses Vorgehensmodell nur bei längerfristigen Investitionen positive Auswirkungen hat.

Es ist kritisch zu hinterfragen, ob eine größere Auswahl an Alternativen die Effizienz von Investitionsprozessen in der Praxis steigert oder mindert. Faktisch lässt sich festhalten, dass eine manuelle Handelsentscheidung mehr Alternativen generieren kann. Nach der Entscheidung wird eine entsprechende Handlungsaktion abgeleitet, die beispielsweise ein Kaufauftrag eines bestimmten Basiswertes darstellen kann. Dies stellt jedoch den Übergang in die Orderroutingphase dar, die laut Abgrenzung nicht Teil der Arbeit ist.

5.3   Modelle der Zusammenarbeit

Nachdem konkrete Prozessschritte der Handelsentscheidung identifiziert und detailliert untersucht worden sind, werden folgend die Modelle einer optimalen Zusammenarbeit abgeleitet. Dafür ist zuerst festzulegen, was eine optimale Zusammenar-

---

[106] Ein ETF (engl. exchange-traded fund) ist ein Investmentfond, der an einer Börse gehandelt wird.

[107] Zertifikate sind Schuldverschreibungen mit derivativen Komponenten, um die Wertentwicklung von Finanzprodukten abzubilden. In diesem Beispiel besteht der Basiswert aus einem nationalen Index, der die Marktkapitalisierung der wirtschaftsstärksten Unternehmen einer Nation abbildet.

beit bedeutet. Optimal bedeutet im Zusammenhang dieser Arbeit, ein Verhältnis aus beiden Elementen zu finden, in dem die Vorteile der einzelnen Elemente Anwendung finden und die Nachteile durch das jeweils andere Element ausgeglichen werden können. Dabei gilt es, konvergierende Eigenschaften so weit wie möglich zu vermeiden.

Wie in Kapitel 5.2 beschrieben, können die ersten Prozessschritte der Beschaffung und Verarbeitung fehlerfreier und schneller von Informationssystemen durchlaufen werden. Bei der Verarbeitung komplexer Textdaten, dem Prozessschritt der Interpretation und der nachfolgenden Definition von Handlungsalternativen kann die Leistungsfähigkeit des humanen Denkens vorteilig genutzt werden. Je komplexer und undurchsichtiger die Vernetzung von Informationen ist, desto vorteiliger werden die humanen Eigenschaften, um Handelsentscheidungen zu treffen.

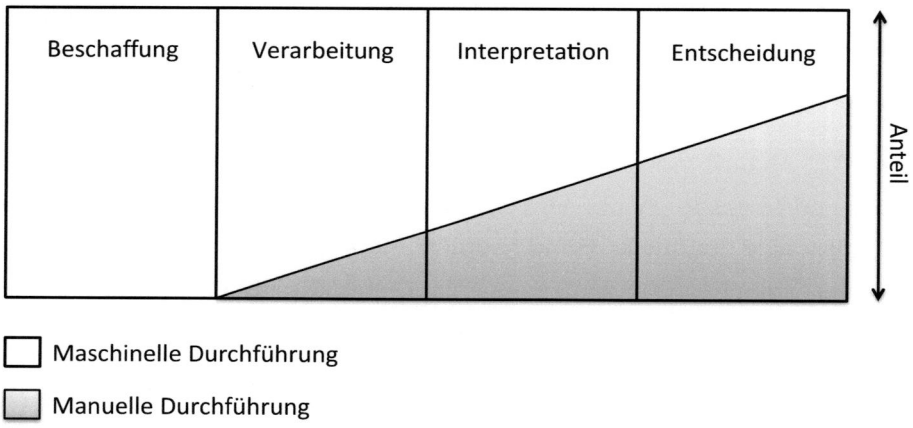

Abbildung 9 Prozess der Handelsentscheidung mit der Aufteilung in die Bedeutung maschineller und manueller Durchführung der Prozessschritte (Quelle: Eigene Darstellung)

Der Verlauf dieser Verteilung lässt, wie in Abbildung 9 dargestellt, Hypothesen für die zukünftige Entwicklung zu. Als die Informationstechnik aufgrund ihrer geringen Entwicklungsstufe noch keine Unterstützung am Finanzmarkt leisten konnte, wurden alle Prozessschritte manuell durchgeführt. Im Zuge der zunehmenden Digitalisierung wurden Systeme zur Beschaffung von Preisdaten entwickelt. Nachfolgend wurden komplexere Analyseverfahren im Rahmen der Datenverarbeitung entworfen und implementiert. Mit dem technischen Fortschritt entsteht somit eine Verschiebung der menschlichen Mitwirkung in die nachgelagerten Prozessschritte der Interpretation und der Entscheidung. Setzt sich dieser

Trend fort, würde der Einsatz von Menschen bei Handelsentscheidungen am Finanzmarkt überflüssig sein. Dies setzt voraus, dass die menschlichen Eigenschaften der Kreativität und des Verknüpfens von Informationen zu Wissen komplett technisiert werden können, ohne einen qualitativen Verlust zu erleiden.

Für die Identifikation einer optimalen Zusammenarbeit zwischen Mensch und Informationssystemen bei Handelsentscheidungen am Finanzmarkt bilden sich somit zwei Modelle heraus. In einem dynamischen Markt, in dem eine gleichbleibende Strategie nicht langfristig erfolgreich ist und es stetiger Veränderungen bei der Entscheidungsfindung bedarf, ist es begründet, dem Menschen eine interpretierende und entscheidende Rolle zuzuweisen. In Märkten, die Mustern folgen, oder bei Handelsstrategien, die Geschwindigkeit als kritischen Erfolgsfaktor inkludieren, wirken sich die Eigenschaften des menschlichen Handelns negativ auf den operativen Teil der Handelsentscheidung aus. Unter diesen Umständen beschränkt sich die Rolle des Menschen auf eine überwachende Funktion, um den Prozess nur situativ zu beeinflussen.

Nachdem die beiden Modelle der optimalen Zusammenarbeit identifiziert worden sind, werden diese nachfolgend erläutert und auf ihre Anwendbarkeit untersucht. Des Weiteren werden mögliche Vorteile und Nachteile der beiden Modelle identifiziert und gegenübergestellt.

5.3.1 Mensch mit entscheidender Funktion

Wird der Mensch in den Prozess der Handelsentscheidung eingebunden und erhält er die Obligation, Informationen zu interpretieren und die nachfolgende Entscheidung zu treffen, hat dies negative Auswirkungen auf die Geschwindigkeit des Gesamtprozesses. Daraus folgt, dass Strategien, wie beispielsweise Arbitragestrategien oder das Handeln auf Ad-hoc-Nachrichten, deren Erfolg von der Geschwindigkeit der Handelsentscheidung abhängig ist, nicht für dieses Modell geeignet sind. Dies impliziert, dass auch der optimale Anlagehorizont für dieses Modell längerfristig gewählt werden muss. Bei der Anlage von wenigen Sekunden ist die vergleichsweise hohe Reaktionszeit der menschlichen Komponente nachteilig. Besonders bei der Einschätzung der gesamtwirtschaftlichen Entwicklung und längerfristigen Trends kann der Mensch durch die Verwendung von Transferwissen und die Interpretation der Marktlage einen Mehrwert erzielen. Dies würde bedeuten, dass mit steigendem Anlagehorizont die humane Komponente in diesem Modell an Bedeutung gewinnt. Dies setzt jedoch voraus, dass der Händler in der Lage ist, die Informationen rational einzuschätzen und zu bewerten. Hierbei sind besonders die psychologischen Effekte, wie in Kapitel 4.2.1 beschrieben, nachteilig. Ein bewusstes Wahrnehmen dieser unterbewussten Reaktion erfordert Wissen in diesem Bereich und Erfahrung beim Treffen von Investitionsentscheidungen. Wenn die unterbewussten Effekte bekannt sind und bewusst wahrgenommen werden, kann dies helfen, Märkte und deren Akteure einzuschätzen. In Finanzmärkten, die stark von verhaltenspsychologischen Faktoren beeinflusst werden, kann das bewusste Wahrnehmen dieser Faktoren demnach vorteilig sein.

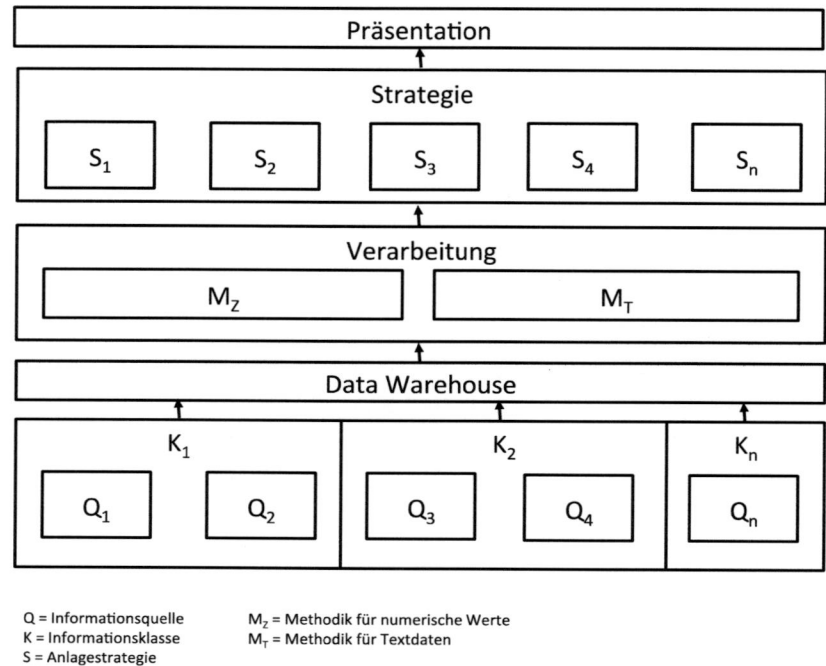

Q = Informationsquelle M_Z = Methodik für numerische Werte
K = Informationsklasse M_T = Methodik für Textdaten
S = Anlagestrategie

Abbildung 10   Entwurf einer Systemarchitektur mit menschlicher Entscheidungskomponente (Quelle: Eigene Darstellung)

Hervorzuheben ist, dass der Mensch nur eine Komponente in diesem Modell darstellt, während der zweite Modellteil aus der maschinellen Beschaffung und Verarbeitung der Daten besteht. Daher stellt sich die Frage, wie diese Prozessschritte in einem Informationssystem nachgebildet werden können. In Abbildung 10 befindet sich ein Entwurf der technischen Modellkomponente in Form einer Systemarchitektur. Die untere Ebene stellt dabei die Informationsbeschaffung dar, in welche die einzelnen Informationsquellen eingebunden und mithilfe von Informationsklassen organisiert werden. Die Rohdaten werden anschließend in einem Data Warehouse gesammelt, das die Daten verwaltet. In der nachfolgenden Ebene der Verarbeitung sind Methoden bereitgestellt, die zur Aggregation von numerischen Werten und Textdaten verwendet werden. Bei Textdaten bestehen diese beispielsweise aus Methodiken zur Sentimentanalyse, Klassifikation und Informationsextraktion. Praxisnahe Methodiken bei der Aggregation von numerischen Werten im Finanzmarkt sind beispielsweise die Berechnung des gleitenden Mittelwertes, das Kurs-Gewinn-Verhältnis oder die Eigenkapitalquote. Innerhalb der Methoden ist definiert, welche Verarbeitung aus fachlicher Sicht für diese Informationsklassen sinnvoll ist. Dies stellt sicher, dass finanzmathematische Kennzahlen nur in den Teilmärkten angewandt werden, in welchen deren Anwendung auch vorgesehen ist. Die strategische Ebene enthält verschiedene Strategien am Finanzmarkt. Die Strategien können von der Anwendung mithilfe einer Nutzeridentifikation, wie in Kapitel 5.2.3 beschrieben, ermittelt oder vom Nutzer explizit ausgewählt werden. Durch das Festlegen dieser Dogmen werden für den Nutzer irrelevante Informationen ausgeblendet, sodass die negative Auswirkung einer möglichen Informationsflut eingedämmt wird. Die Präsentationsschicht stellt die direkte Nutzerschnittstelle dar. Sie enthält dynamische Designelemente, mit deren Hilfe die Informationstiefe interaktiv regulierbar ist. Die Visualisierung der Daten erleichtert die Aufnahme von Informationen. Hierbei sind sowohl einzelne Module für verschiedene Diagramme und Listen denkbar als auch Kompositionen, welche die Informationsmenge einer Strategie mit einer definierten Menge an Präsentationselementen abbilden kann.

Ein Vorteil dieser Architektur ist die Modularität der einzelnen Komponenten. Die Abgrenzung der technischen Methodiken von der strategischen Interpretation ermöglicht es bei einer stetigen Entwicklung auch fachlichen Anwendern, technische Neuerungen strategisch zu nutzen. Methoden und Strategien können dabei getrennt implementiert und verwendet werden. Dies setzt allerdings voraus, dass die Schnittstellen entsprechend klar definiert sind, um auch bei wachsender Komponentenanzahl die Funktionsfähigkeit zu gewährleisten. Um die Entwicklung und Nutzung dieser Architektur zu steigern, ist ein Open-Source-Ansatz mit der Möglichkeit zur Implementierung und Veröffentlichung eigener Systemkomponenten vorteilhaft. Dies würde ermöglichen, die theoretischen Modelle aus Wissenschaft und Praxis über ein frei zugängliches System zur Verfügung zu stellen und somit mehr Akteuren die Möglichkeit zu geben, diese als Basis für Handelsentscheidungen am Finanzmarkt zu verwenden. Des Weiteren können Investoren die beschriebenen Vorteile der maschinellen Datenbeschaffung und Verarbeitung nutzen, ohne kostenintensive Eigenimplementierungen zu verwirklichen oder ihre Entscheidungsintegrität zu minimieren. Kritische Erfolgsfaktoren dieses Systems sind sowohl die Akzeptanz der Handelsentscheider als auch die Bereitschaft, Komponenten zu entwickeln, die auch für konkurrierende Akteure nutzbar sind, sowie die Entwicklung einer nachhaltigen Infrastruktur, welche die beschriebene Flexibilität und Erweiterbarkeit gewährleistet.

Zusammenfassend ist festzustellen, dass der Entscheidungsprozess mit einer menschlichen Entscheidungskomponente unter der Berücksichtigung von Zielmärkten, Strategie, Anlagehorizont und Erfahrung des Händlers als optimal bezeichnet werden kann. Die Funktionsweise eines derartigen Systems wurde anhand einer Systemarchitektur abgebildet. Die Herausforderungen bei einer praktischen Umsetzung liegen dabei in der Akzeptanz und der technischen Implementierung der Schnittstellen.

5.3.2   Mensch mit überwachender Funktion

Im vorherigen Kapitel, das dem Menschen innerhalb des Handelsentscheidungsprozesses eine entscheidende Funktion zugewiesen hat, werden zu Beginn Prämissen geschildert, unter denen der Einsatz dieses Modells vorteilig erscheint. Es stellt sich die Frage, wie die optimale Zusammenarbeit zwischen Mensch und Maschine abgebildet werden kann, wenn diese Prämissen nicht erfüllt werden. In Märkten, die Mustern folgen und in denen Parameter definiert werden können, die mit statistisch signifikanter Aussagekraft über die Entwicklung eines Basiswerts Aufschluss geben, ist der Nutzen von maschinellen Komponenten in jedem Prozessschritt vorteilig. Wie bereits in Kapitel 4.1 aufgeführt, ist die niedrige Fehlerrate bei einer gleichzeitig hohen Ausführungsgeschwindigkeit unter den obigen Umständen effektiver ohne die Komponente menschlicher Interaktion. Strategien, welche die Geschwindigkeit des Handelsprozesses als Erfolgsfaktor voraussetzen, wie beispielsweise Arbitragestrategien, werden durch die menschliche Komponente in entscheidender Position verlangsamt und verlieren somit an Rentabilität.

Mit der rein technischen Ausführung des Prozesses wird zudem der negative Einfluss der Verhaltenspsychologie aus dem operativen Handelsprozess entfernt. Die Prämisse, dass Finanzmärkte langfristig nach bestimmten Mustern agieren, ist aufgrund der komplexen Einflussfaktoren nicht realitätsnah. Daher wird die menschliche Komponente aus dem operativen Handelsprozess ausgeschlossen, wobei sich allerdings andere Nutzungschancen innerhalb der konzeptionellen Ebene und bei einer überwachenden Funktion des operativen Prozesses bieten. Die konzeptionelle Ebene beschreibt, wie in Kapitel 5.1 erläutert, die Definition der Ziele und die Anlagestrategie. Auf dieser Ebene ist der Geschwindigkeitsunterschied zu vernachlässigen, da das Entwickeln und Testen von Strategien nicht im Zeitraum von Sekunden stattfindet. Dagegen ist die Eigenschaft des logischen Denkens für die Untersuchung neuer Handelsstrategien vorteilhaft. Ist eine Anlagestrategie gefunden, getestet und technisch implementiert worden, nimmt der Händler eine überwachende Funktion ein. Dies bewirkt, dass auch Situationen, die nicht in den vorimplementierten Handlungsrahmen des Systems inkludiert sind, verarbeitet werden können. Zu vergleichen ist diese Aufteilung zwischen Mensch und Maschine mit dem Flug eines Linienflugzeugs. Wenn sich alle äußeren Einflussfaktoren in einem normalen Rahmen befinden und alle internen Prozesse problemlos abgewickelt werden können, wird die Steuerung von einem automatisierten Piloten übernommen. Sobald sich die äußeren Einflussfaktoren in vordefinierte kritische Bereiche bewegen oder sich der interne Prozessablauf negativ verändert, bekommen die Piloten Handlungsfreiheiten zugewiesen, die der Situation angemessen sind. Die Piloten bestehen dabei aus ausgebildetem Fachpersonal, das mit Technik und Steuerung vertraut ist. Diese Analogie kann auf den Finanzmarkt übertragen werden, wobei das Fachpersonal einen technischen sowie finanzwirtschaftlichen Hintergrund besitzt und die Maschine ein Handelssystem beschreibt.

Das erläuterte Modell trifft im Rahmen des HFT auf die Herausforderung, dass das System durch die hochfrequentierte Handlungsweise in Zeitspannen agiert, die auf Basis der menschlichen Reaktionszeit nicht in Echtzeit überwacht werden können. Um dieses Problem zu lösen, können technische Überwachungsmechanismen implementiert werden, um bei ungewöhnlich hoher Marktvolatilität oder nach dem Erreichen einer vordefinierten Verlustrate den Handel zu unterbrechen. Dies reduziert das Risiko eines Totalverlusts durch eine plötzliche Änderung der Marktbedingungen. Die überwachende Funktion wird nach dem Auslösen der automatisierten Kontrollmechanismen eingesetzt, damit der Mensch im Rahmen der Ursachenforschung die inneren sowie äußeren Bedingungen analysieren kann. Des Weiteren kann die überwachende Funktion vorausblickend angewandt werden. Sind globale Ereignisse terminiert, wie beispielsweise eine Pressekonferenz über die geplante Zinspolitik, die mit hoher Wahrscheinlichkeit eine Volatilität der Finanzmärkte und nicht berechenbare Preissprünge mit sich führt, kann dies berücksichtigt werden. Ist die Überwachung derartiger Ereignisse nicht in das System integriert, besteht die Möglichkeit, das System mittels eines Händlers in überwachender Funktion für den Zeitraum kurz nach dem Ereignis pausieren zu lassen. Dieser antizipierende Sicherheitsmechanismus ist besonders für Systeme relevant, die große Geldmengen in kurzer Zeit verarbeiten, da in diesem Fall die Auswirkung einer situativen Störung des Marktes am größten ist.

Zusammenfassend lässt sich feststellen, dass unter den beschriebenen Umständen eine menschliche Komponente in der konzeptionellen Strategiefindung sowie in überwachender Funktion während des operativen Handelsprozesses als optimal bezeichnet werden kann. Die menschlichen Stärken kommen innerhalb dieses Modells in der Antizipation von Märkten und der flexiblen Reaktion auf Ereignisse mit geringer Datenlage zum Ausdruck. Durch die Exklusion der menschlichen Komponente innerhalb des operativen Handelsprozesses ist eine höhere Geschwindigkeit und Korrektheit zu erzielen.

6 Diskussion der Ergebnisse

Nachdem der Entscheidungsprozess definiert und die Ausführung auf die Anwendung von maschinellen und manuellen Komponenten untersucht wurde, werden die gewonnenen Ergebnisse im Rahmen einer Diskussion kritisch betrachtet und hinterfragt. Dabei werden sowohl einzelne Annahmen zur Begründung von Argumenten als auch die Bedeutung der Abgrenzung in der gesamten Arbeit untersucht. Anschließend werden Studien und Fallbeispiele zur Untersuchung der Ergebnisse auf Korrektheit angewandt.

Auf Basis der Abgrenzung der vorliegenden Arbeit ist kritisch zu betrachten, ob Hypothesen zur Relevanz von maschinellem Handel gemacht werden können, ohne den Faktor einer gezielten Strategie zu inkludieren. Faktisch gesehen kann eine Strategie ohne technische Unterstützung ebenso zu einer Überrendite führen wie die Vollautomatisierung einer Strategie. Der Erfolgsfaktor ist danach nicht der Automatisierungsgrad, sondern die Strategie. Dem steht entgegen, dass, auch wenn die Kausalketten in diesem Fall keine allgemeingültige Schlussfolgerung zulassen, ein Prozess entstanden ist, in dem sowohl Mensch als auch Maschine ihre jeweiligen Vorteile bestmöglich zum Einsatz bringen. Auch wenn der Erfolg weiterhin zu einem Großteil von der Handelsstrategie an sich bestimmt wird, wurde durch die vorliegende Arbeit eine Umwelt skizziert, in welcher die praktische Umsetzung dieser Strategie am effizientesten ist. Dies impliziert auch, dass ein empirischer Beweis der erarbeiteten Modelle nur begrenzt möglich ist. Um die Effizienz korrekt zu erfassen, ist der beschriebene Prozess der Handelsentscheidung praktisch umzusetzen, wobei konkrete Strategien angewandt werden müssten, was in Abgrenzung zu den theoretischen Modellen steht. Ein Ergebnis aus der empirischen Studie würde demnach von den verwendeten Strategien abhängen. Um diesen Einfluss zu bereinigen, wäre der Test mit mehreren Strategien durchzuführen. Trotzdem wäre ein empirischer Nachweis der realen Effizienz der Modelle angreifbar, weshalb im Rahmen dieser Arbeit eine theoretische Argumentation ausgearbeitet wurde.

Ein weiterer Kritikpunkt ist die Abgrenzung der vorliegenden Arbeit in Hinsicht auf den gesamten Handelsprozess. Die Arbeit beschäftigt sich ausschließlich mit dem Bereich von der Entstehung der Marktdaten bis zu dem Treffen einer Handelsentscheidung. Mit der nachfolgenden Abwicklung und dem tatsächlichen Kauf oder Verkauf von Finanzprodukten wird sich nicht auseinandergesetzt. Um aktiv am Marktgeschehen teilzunehmen, sind weitere Phasen der Transaktionskette von Picot,

Bortenlänger und Röhrl zu untersuchen.[108] Die vorliegende Arbeit berücksichtigt daher nicht die Auswirkungen einer manuellen oder automatisierten Abwicklung eines Investitionsauftrags. Diese Abgrenzung ist im begrenzten Umfang der wissenschaftlichen Arbeit begründet. Des Weiteren ist die Handelsentscheidung ausschlaggebend für die nachfolgenden Prozesse. Der nachfolgende Prozess der Abwicklung stellt in der Regel die Interaktion mit anderen Marktteilnehmern dar und ist abhängig vom gehandelten Finanzprodukt. Diesen auf einer ähnlichen Abstraktionsebene zu untersuchen, wie es im Kontext dieser Arbeit praktiziert wurde, ist nicht möglich. Durch die Abhängigkeit von anderen Markteilnehmern, welche die Transaktionen durchführen oder verwalten, ist ein Einfluss auf die Effizienz dieses Prozesses meist nicht gegeben. Im Gegensatz dazu ist der Prozess bis zur Handelsentscheidung vom ausführenden Akteur beeinflussbar und kann daher eigenmächtig optimiert werden.

Die Erkenntnisse dieser Arbeit basieren auf dem Status quo der technologischen Entwicklung. Fehleinschätzungen oder Veränderungen des technologischen Standpunktes führen demnach auch zu einer divergenten Ableitung der optimalen Zusammenarbeit. Im Rahmen der methodischen Datenverarbeitung haben Fortschritte des maschinellen Lernens Einfluss auf den Mehrwert menschlicher Datenverarbeitung, indem sie den optimalen Einflussbereich humaner Komponenten, wie in Kapitel 5.3 Abbildung 9 beschrieben, nach rechts verschieben. In Hinsicht auf die technologische Entwicklung der Hardwarekomponenten ist eine gravierende Veränderung aufgrund der herrschenden Naturgesetze eher als gering einzuschätzen. Durch die fortgeschrittene Entwicklung ist die Steigerung der Leitgeschwindigkeit nur noch begrenzt möglich. Die Kapazität der Rechenleistung bietet vergleichsweise mehr Entwicklungspotenzial, jedoch bewegen sich auch diese Verbesserungen in Bruchteilen von Millisekunden, was keine Auswirkungen auf die Ergebnisse dieser Arbeit darstellt.

Um die entwickelten Modelle auf die Praxis zu übertragen, werden diese auf Ergebnisse bereits durchgeführter Studien bezogen. Die identifizierten Modelle besagen, dass Handelsstrategien mit einem kurzen Anlagehorizont und einer hohen Frequenz an Handelsentscheidungen im optimalen Fall automatisiert ausgeführt werden. Unter dieser Annahme wären Daytrader, die kurzfristige Spekulationen mit Wertpapieren durchführen, nicht optimal positioniert. Eine Studie über das Verhalten der Marktteilnehmer an der Taiwan Stock Exchange ergab, dass 40 % der Daytrader nach einem Monat den Handel einstellen und innerhalb der ersten zwei Jahre nur noch 20 % der

---

[108] Vgl. Picot et al. (1996), S. 16.

Daytrader aktiv sind.[109] Eine US-amerikanische Studie der American Securities Administrators Association bestätigt, dass 77 % der privaten Daytrader langfristig Verluste verzeichnen.[110] Zur Begründung wird dabei hauptsächlich der negative Einfluss der Verhaltenspsychologie herangezogen. Eine implementierte Strategie mit überwachender Funktion blendet diesen Parameter aus und reduziert die Fehlerquote innerhalb der hohen Frequenz eines Daytraders. Die referenzierten Resultate der Studien dienen daher exemplarisch zur Optimierung durch die Zuweisung einer überwachenden Funktion des Menschen.

Es gilt zu beweisen, dass die menschliche Flexibilität langfristig erfolgreich sein kann. Dies ist notwendig, um das Modell des Menschen innerhalb des operativen Prozesses der Handelsentscheidung durch eine entscheidende Funktion zu rechtfertigen. Andernfalls wäre eine Funktion des Menschen an dieser Stelle nicht gerechtfertigt. Warren Buffet ist ein Vertreter einer langfristigen Anlagestrategie mit dem Namen Value Investing, in der versucht wird, die fundamentalen Werte eines Unternehmens zu ermitteln und unterbewertete Unternehmen zu kaufen, um auf deren positive Entwicklung zu spekulieren.[111] Diese Strategie inkludiert einen langfristigen Anlagehorizont und unternehmerisches Verständnis, um unterbewertete Firmen mit zukünftigem Potenzial zu identifizieren. Der Buchwert von Buffets Investmentfirma Berkshire Hathaway Inc. wuchs über 30 Jahre bis 2002 mit durchschnittlich 23 %, wobei Buffets Initialinvestment von 7 Millionen auf über 30 Milliarden US-Dollar anstieg.[112] Daher ist Warren Buffet einer der bekanntesten Investoren weltweit und ein Beispiel für einen Investor mit entscheidender Rolle. Bei der Akquise von Firmen ist das Einschätzungsvermögen der Marktlage, des Managements und der Geschäftsprozesse essenziell für den Erfolg der Investition.[113] Durch die maschinelle Verarbeitung, wie in Kapitel 5.3.1 beschrieben, kann eine Vorauswahl getroffen und die Effizienz des Prozesses gesteigert werden, ohne die Integrität des Händlers zu reduzieren. Es kann argumentiert werden, dass in der beschriebenen Phase von Berkshire Hathaway Inc. von 1972 bis 2002 Informationssysteme noch nicht so ausgereift waren und nur deshalb ein langfristiger Erfolg möglich war. Der Aktienkurs von Berkshire Hathaway stieg von 2002 mit etwa 60.000 Euro auf circa 172.000 Euro im Januar 2016 an.[114] Damit wurde der Unternehmenswert in 14 Jahren mehr als verdoppelt.

---

[109] Vgl. Barber et al. (2010).
[110] Vgl. Maeillo (2000).
[111] Vgl. Hagstrom (1997), S. 44 ff.
[112] Vgl. Buffet und Clark (2002), S. 15 f.
[113] Vgl. Buffet und Clark (2002), S. 76 f.
[114] Vgl. finanzen.net GmbH (2016).

Diese Fakten relativieren sich durch eine Studie, die ähnliche Investmentgesellschaften untersuchte. In ihr wurde festgestellt, dass 24 % der aktiv gemanagten Investmentfonds in den USA besser als der Marktleitindex Dow Jones abgeschnitten haben.[115]

Schlussendlich ist festzuhalten, dass die Ergebnisse aufgrund der Abgrenzung und theoretischen Vorgehensweise kritisch zu betrachten sind. Die Wirkung und Relevanz der Modelle lässt sich anhand von Studien über die Rendite von Daytradern sowie über den nachhaltigen Erfolg von langfristigen Investoren wie Warren Buffet aufzeigen. Des Weiteren lässt sich eine Relation zum Anlagehorizont erkennen. Je kürzer der Anlagezeitraum ist, desto vorteiliger werden die Eigenschaften voll automatisierter Handelsentscheidungen. Ist der Anlagehorizont langfristig gewählt, relativiert sich der genaue Kaufzeitpunkt, und die Markteinschätzung durch die Denkstrukturen des Menschen wirkt sich vorteilig aus.

---

[115] Vgl. Rieman (2013).

7 Schlussbemerkung und Ausblick

Ziel dieser Arbeit war es, die Vorteile von automatisierten und manuellen Handelssystemen zu identifizieren, den Prozess zum Treffen einer Handelsentscheidung zu modellieren und auf die Auswirkung einer Teil- oder Vollautomatisierung zu untersuchen. Der Prozess wurde dabei in Beschaffung, Verarbeitung, Interpretation und Entscheidung gegliedert. Innerhalb der Detailanalyse sind zwei grundlegende Modelle für die erfolgreiche Zusammenarbeit zwischen Mensch und Maschine erarbeitet worden. Das erste Modell beschreibt die maschinelle Beschaffung und Aufbereitung der Daten, wobei der Mensch eine entscheidende Funktion ausübt und die Handelsentscheidung trifft sowie Teile der Interpretation von Informationen des Finanzmarktes übernimmt. Herausforderungen stellen dabei die Kommunikation durch eine Nutzerschnittstelle sowie die Ermittlung des Informationsbedarfs dar. Das zweite Modell weist dem operativen Teil der Handelsentscheidung eine rein maschinelle Ausführung zu. Dies bedeutet, dass der Mensch auch beim Treffen von Handelsentscheidungen nicht involviert ist. Das menschliche Bewusstsein wird jedoch im Rahmen einer überwachenden Funktion eingebunden. Dabei wird eine Strategie implementiert, die maschinell ausgeführt wird. Treten unerwartete Ereignisse auf, welche die implementierte Strategie negativ beeinflussen, wird der Fortgang des Prozesses mithilfe der menschlichen Flexibilität im Denken entschieden. Ereignisse zu bemerken und die nachfolgenden operativen Konsequenzen zu definieren, ist in diesem Modell die Aufgabe des Menschen.

Die vorliegende Arbeit liefert eine theoretische Argumentation dafür, dass menschlicher Einfluss am Finanzmarkt zum momentanen Zeitpunkt nicht als gegenstandslos kategorisiert werden kann. Es sind Grundlagen über eine optimale Zusammenarbeit zwischen Mensch und Maschine bei Handelsentscheidungen am Finanzmarkt erarbeitet und verglichen worden. Um diesen Grundlagen praktischen Nutzen zu verleihen, ist die Konzeption und Implementierung der beschriebenen Systemkomponenten notwendig. Diese Explikation wäre als Gegenstand zukünftiger Arbeiten in diesem Bereich denkbar. Die identifizierten Barrieren innerhalb der Nutzeridentifikation und Darstellung bilden die Basis zur Verbesserung der Kommunikation zwischen Mensch und Maschine. Innerhalb der Darstellung ist zu untersuchen, anhand welcher Kriterien eine Strategie abzuleiten ist und wie der Informationsbedarf von Strategien gedeckt werden kann. Dies führt im Optimalfall zu einer Filterung von irrelevanten Daten und der Eindämmung der beschriebenen Informationsflut. Im Sektor der Darstellung ist weiterführend zu untersuchen, welche Darstellungselemente für welche Klassen von Strategien und Investoren geeignet sind. Da die Evaluation der Darstellungselemente subjektiv geprägt ist, kann sie nur schwer empirisch nachgewiesen werden. Wissenschaftliche Methodiken wie Fragebögen und visuelle Wahrnehmungstests wären Möglichkeiten, diese Evaluation vorzunehmen. In Referenz auf das Modell des Handelsprozesses nach Picot, Bortenlänger und Röhrl wurde in dieser Arbeit explizit die Informationsphase erörtert, wobei die nachfolgenden Abschnitte Orderroutingphase, Abschlussphase und Abwicklungsphase nicht berücksichtigt wurden.[116] Ein weiterer Ansatz für die fortführende wissenschaftliche Arbeit in diesem Bereich ist die Untersuchung jener Teile des Handelsprozesses, die aufgrund der Abgrenzung dieser Arbeit nicht untersucht wurden. Speziell sind dabei die Prozessschritte nach der Handelsentscheidung zu untersuchen. Die Unterstützung der Handelsentscheidung durch Informationssysteme ist. Nachfolgende Problematiken sind die Auswahl und Evaluation von konkreten Finanzprodukten sowie der Verkauf und die Beobachtung der gekauften Werte. Des Weiteren ist der Bezug zu speziellen Anlagestrategien herzustellen.

Schlussendlich ist festzuhalten, dass der Finanzmarkt aufgrund seiner Größe und Bedeutung essenziell für den Erfolg der globalen Wirtschaft ist. Daher ist die Auseinandersetzung mit den Prozessen, welche die Akteure am Finanzmarkt befolgen, eminent wichtig. Die fortschreitende Technisierung hat, wie in dieser Arbeit beschrieben, zu einer effizienten Interaktion mit dem Finanzmarkt geführt. Trotzdem bilden die erarbeiteten humanen Eigenschaften in Bezug auf Handelsentscheidungen Möglichkeiten, die derzeitigen Defizite von automatisierten Systemen einzugrenzen. Die vorliegende Arbeit beinhaltet theoretische Modelle und argumentative Grundlagen für die nachhaltige Koexistenz und Kooperation von maschinellen Handelssystemen und manuellen Händlern. Dies stellt das Fundament für eine praktische Realisierung von Informationssystemen zur Unterstützung von Handelsentscheidungen am Finanzmarkt dar.

---

[116] Vgl. Picot et al. (1996), S. 16.

8 Literaturverzeichnis

Ackert, L. und Deaves, R. (2009). *Behavioral Finance: Psychology, Decision-Making, and Markets.* Cengage Learning.

Aldridge, I. (2009a). *High-Frequency Trading - A Practical Guide to Algorithmic Strategies and Trading Systems* (1. Aufl.). John Wiley und Sons.

Aldridge, I. (2009b). *Systematic Funds Outperform Discretionary Funds.* Diskussionspapier, BigDataFinance.org; ABLE Alpha Trading, New York.

Atkinson, J. (2007). Evolving Explanatory Novel Patterns for Semantically-Based Text Mining. In *Natural Language Processing and Text Mining.* London, UK: Springer.

Bank for International Settlements (2013). *Triennial Central Bank Survey - Foreign exchange turnover in April 2013: preliminary global results.* Bank for International Settlements, Monetary and Economic Department.

Barber, B. M., Lee, Y.-t., Liu, Y.-j. und Odean, T. (2010). Do Day Traders Rationally Learn About Their Ability?

Barberis, N. und Thaler, R. (2003). A survey of behavioral finance. In M. Brunnermeier, G. Constantinides, K. Daniel, M. Harris, M. Huang, O. Lamont, et al., *Handbook of the Economics of Finance.* Elsevier B V.

Bischoff, R., Hartmann, K., Jahn, K.-U., Müller, J.-A. und Rieder, H. K. (2013). Von der Informationsflut zum Information Brokering: Proceedings zum Leipziger Symposium '98. Springer-Verlag.

Bloss, M., Eil, N., Ernst, D., Fritsche, H. und Häcker, J. (2009). Währungsderivate. *Praxisleitfaden für ein effizientes Management von* Währungsrisiken. München: Oldenbourg Verlag München.

Bortenländer, C. (2013). Börsenautomatisierung: Effizienzpotentiale und Durchsetzbarkeit. *(illustriert).* Springer-Verlag.

Bray, D. A. (2008). Information Pollution, Knowledge Overload, Limited Attention Spans, and Our Responsibilities as IS Professionals. (G. B. School, Hrsg.)

Buffet, M. und Clark, D. (2002). *The New Buffettology: The Proven Techniques for Investing Successfully in Changing Markets That Have Made Warren Buffet the World's Most Famous Investor.* Simon and Schuster.

Butz, A. und Krüger, A. (2014). *Mensch-Maschine-Interaktion.* Walter de Gruyter GmbH und Co KG.

Carver, R. (2015). *Systematic Trading: A unique new method for designing trading and investing.* Harriman House Limited.

Damasio, A. R. und Damasio, H. (2012). *Neurobiology of Decision-Making - Research and Perspectives in Neurosciences.* Springer Science und Business Media.

Deutscher Manager-Verband. (2004). *Handbuch Soft Skills II.* vdf Hochschulverlag AG.

DeutschPresse-Agentur. (2008). "Das neue Herz Europas". *Stuttgarter Nachrichten.* Zeitung vom 25.03.2008.

DeVitto, D. (2013). *Irrational Markets and the Illusion of Prosperity.* Routledge.

DGAP News-Service. (2015). *Deutsche Bank beschließt umfassende organisatorische und personelle Neuordnung.* Abgerufen am 28. 01. 2015 von dgap.de: http://www.dgap.de/dgap/News/adhoc/deutsche-bank-beschliesst-umfassende-organisatorische-und-personelle-neuordnung/?companyID=125undnewsID=904061

Duffy, M. N. (2007). Trading on the News. *Securities Industry New* .

Eichhorn, P. und Merk, J. (2015). *Das Prinzip Wirtschaftlichkeit: Basiswissen der Betriebswirtschaftslehre* (4 Ausg.). Springer-Verlag.

Fama, E. (1971). Efficient Capital Markets: A Review of Theory and Empirical Work. *The Journal of Finance (26)* .

Ferstl, O. K. und Sinz, E. J. (2006). *Grundlagen der Wirtschaftsinformatik* (Bd. 1). Oldenbourg Verlag.

finanzen.net GmbH. (2016). *Berkshire Hathaway Aktie.* Abgerufen am 29.01.2016 von http://www.finanzen.net/aktien/Berkshire_Hathaway-Aktie

Garfield, E. (1997). A Tribute To Calvin N. Mooers, A Pioneer Of Information Retrieval.

Gerth, H. und Niermann, S. (2001). Kapitalmarkteffizienz und Verteilung von Aktienrenditen: eine empirische Untersuchung.

Giddings, G. (2008). Humans versus computers - Differences in their ability to absorb and process information for business decision purposes and the implications for the future. *(25)* . SAGE Publications.

Gischer, H., Herz, B. und Menkhoff, L. (2012). *Geld, Kredit und Banken: Eine Einführung* (3 Ausg.). Berlin; Heidelberg: Springer-Verlag.

Glantz, M. und Kissell, R. (2013). *Multi-Asset Risk Modeling: Techniques for a Global Economy in an Electronic and Algorithmic Trading Era.* Academic Press.

Gomber, P. (2000). *Elektronische Handelssysteme, Innovative Konzpete und Technologien im Wertpapierhandel.* Heifelberg: Physica Verlag.

Gomolka, J. (2011). Algorithmic Trading: Analyse von computergesteuerten Prozessen im Wertpapierhandel unter Verwendung der Multifaktorenregression. Universitätsverlag Potsdam.

Gourley, S. (2012). High frequency trading and the new algorithmic ecosystem. TEDxNewWallStreet .*Fachvortrag.* Abgerufen am 08.12.2016 von https://www.youtube.com/watch?v=V43a-KxLFcg

Gregoriou, G. N. (2015). *Handbook of High Frequency Trading.* Academic Press.

Hagstrom, R. G. (1997). *The Warren Buffet Way: Investment Strategies of the World's Greatest Investor.* John Wiley und Sons.

Hartwig, K.-H. und Belke, A. (1999). *Finanzmärkte: Funktionsweise, Integrationseffekte und ordnungspolitische Konsequenzen.* Stuttgart : Lucius und Lucius.

Ignatovich, D. A. (2006). *Quantitative Trading System.* Diskussionspapier, University of Texas.

Jensen, M. C. (1978). Some Anomalous Evidence Regarding Market Efficiency. *Journal of Financial Economics (6)*.

Johnson, N., Zhao, G., Hunsader, E., Qi, H., Johnson, N., Meng, J., et al. (2013). Abrupt rise of new machine ecology beyond human response time.

Kaderli, R. J. (2013). *Das Geheimnis der Börse: Die Anlagestrategie: Das Handbuch des Investors* (2. Ausg.). Springer-Verlag.

Keyes, J. (2000). *Financial Services Information Systems - Best Practices* . CRC Press.

Kraay, A. und Ventura, J. (2005). *The Dot-com Bubble, the Bush Deficits, and the U.S. Current Account.* World Bank Publications.

Krcmar, H. (2015). Informationsmanagement (*6*). Springer Gabler.

Kulp, M. (1968). Menschliches und maschinelles Denken. Götingen: Vanderhoek und Ruprecht.

Lütz, S. (2008). Finanzmärkte. *Handbuch der Wirtschaftssoziologie.* VS Verlag für Sozialwissenschaften.

Larrick, R. und Boles, T. (1995). Avoiding Regret in Decisions with Feedback: A Negotiation example. In *Organizational Behavior and Human Decision Processes.*

Lyder, D. J. (2005). *Automatic Alpha: How to Build a Winning FOREX Trading System.* iExpertAdvisor.

Maeillo, M. (2000). Day Trading Eldorado. *Forbes.* Zeitung vom 12.06.2000.

Murphy, J. J. (2004). Technische Analyse der Finanzmärkte: Grundlagen, Methoden, Strategien. FinanzBuch Verlag.

Nagel, D. J. (2012). High Frequency Trading und Marktimplikationen - Eine Einschätzung aus Notenbanksicht. *Rede anlässlich der TradeTech DACH 2012* . Frankfurt am Main. Rede vom 04.07.2012.

Nievergelt, J. (1983). Die Gestaltung der Mensch-Maschine-Schnittstelle. Hamburg: Springer Berlin Heidelberg.

Paschotta, R. (2015). Encyclopedia of Laser Physics and Technology. Wiley-VCH.

Peterson, P. (2015). More on "Who's Spoofing Whom?". (D. o. Illinois, Hrsg.) *farmdocDAILY.*

Picot, A. und Reichwald, R. (1991). Informationswirtschaft. *Industriebetriebslehre, 9.* Gabler Verlag.

Picot, A., Bortenlänger, C. und Röhrl, H. (1996). *Börsen im Wandel: der Einfluss von Informationstechnologie und Wettbewerb auf die Organisation von Wertpapiermärkten.* Frankfurt am Main: Knapp.

Piotroski, J. D. (2001). Value Investing: The Use of Historical Financial Statement Information to Separate Winners from Losers. Accounting Research Center.

Porter, M. E. (1996). What Is Strategy? *Harvard Business Review* (76).

Preis, T., Moat, H. S. und Stanley, H. E. (2013). Quantifying Trading Behavior in Financial Markets Using Google Trends.

Röder, K. (2001). Antwort auf die Stellungnahme von Kaserer/Nowak zu "Die Anwendung von Ereignisstudien bei Ad hoc-Mitteilungen" zugleich Stellungnahme zu dem Beitrag "Die Informationswirkung von Ad-hoc-Meldungen". *Journal of business economics : JBE*.

Ratner, J., Shmuel, J., Chidley, J. und Pelletier, M. (2014). Volume is finally back in the stock market. *Financial Post*. Zeitung vom 14.02.2014.

Rehäuser, J. und Krcmar, H. (1996). Wissensmanagement. *Wissensmanagement im Unternehmen. In G. Schreyögg, und P. Conrad (Hrsg.), (6)*. Berlin.

Reichert, R. (2015). Das Wissen der Börse: Medien und Praktiken des Finanzmarktes. transcript Verlag.

Rieman, M. (2013). *Study: Only 24% of Active Mutual Fund Managers Outperform the Market Index*. Abgerufen am 29.01.2015 von https://www.nerdwallet.com/blog/investing/investing-data/active-mutual-fund-managers-beat-market-index/

Risak, V. (2013). *Mensch-Maschine-Schnittstelle in Echtzeitsystemen*. Springer.

Rudolph, B. (1994). Markttransparenz und Computerbörse. *DBW - Die Betreibswirtschaftslehre*.

Sauerwald, A. (2014). *Der Finanzmarkt und die internationale Verschuldungskrise: Ursachen der Verschuldung, Auswirkungen auf den Finanzmarkt sowie Lösungsoptionen*. Diplomica Verlag.

Savolainen, R. (2008). Everyday Information Practices: A Social Phenomenological Perspective. Scarcrow Press. Zeitung vom 13.06.2008.

Schiereck, D. und Weber, M. (1995). Zyklische und antizyklische Handelsstrategien am deutschen Aktienmarkt. *Zeitschrift für betriebswirtschaftliche Forschung (47)*.

Schredelseker, K. (2015). Den Finanzmarkt verstehen. Innsbruck : Springer.

Schredelseker, K. (2014). *Grundlagen der Finanzwirtschaft: Ein informationsökonomischer Zugang* (2 Ausg.). Walter de Gruyter.

Schulz, A.-C. (2011). Die Rolle der Finanzanalysten bei der Verbreitung von Managementkonzepten. Gabler Verlag.

Shiller, R. J. (2003). *From Efficient Markets Theory to Behavioral Finance*. Yale University, Economics, New Haven.

Shiller, R. (2012). The Subprime Solution. Princeton University Press. Zeitung vom 24.09.2012.

Shorter, G. und Miller, R. S. (2014). *High-Frequency Trading: Background, Concerns, and Regulatory Developments*. Congressional Research Service.

Slavin, K. (2011). How algorithms shape our world. *TEDGlobal. Fachvortrag*. Abgerufen am 08.12.2016 von https://www.ted.com/talks/kevin_slavin_how_algorithms_shape_our_world

Sornette, D. und Becke, S. v. (2011). *Crashes and high frequency trading - An evaluation of risks posed by high-speed algorithmic trading*. Von gov.uk: https://www.gov.uk/government/uploads/system/uploads/attachment_data/file/289016/11-1226-dr7-crashes-and-high-frequency-trading.pdf

Spremann, K. und Gantenbein, P. (2014). *Finanzmärkte - Grundlagen, Instrumente, Zusammenhänge.* Konstanz: UVK Verlagsgesellschaft mbH.

Statista GmbH. (2014). *statista.com.* Abgerufen am 20.01.2015 von http://de.statista.com/statistik/daten/studie/216838/umfrage/top-finanzseiten-nach-nettoreichweite/

Teichmann, H. (1975). Informationsbewertung. In *Handwörterbuch der Betriebswirtschaft* (4. Aufl.). Stuttgart: Poeschl.

U.S. Securities and Exchange Commission. (2014). *Equity Market Structure Literature Review - Part II: High Frequency Trading.* Division of Trading and Markets.

Vasilev, E. (2014). Handelssysteme in Finanzmärkten: Die Alternativen. Igel Verlag.

Wang, P. P. (2013). *Computational Intelligence in Economics and Finance* (illustriert). Springer Science und Business Media.

Zentrum für Europäische Wirtschaftsforschung. (2010). Algo-Trading birgt Risiken für die Stabilität der Finanzmärkte. Mannheim: Zentrum für Europäische Wirtschaftsforschung.